BRIGGFLATTS

Basil Bunting

BRIGGFLATTS

Tradução, prefácio e notas de
Felipe Fortuna

Copyright © 2016 Estate of Basil Bunting 2000, 2009

EDITOR
José Mario Pereira

EDITORA ASSISTENTE
Christine Ajuz

REVISÃO
O tradutor

PRODUÇÃO
Mariângela Felix

CAPA
Miriam Lerner / Equatorium

DIAGRAMAÇÃO
Arte das Letras

CIP-BRASIL CATALOGAÇÃO NA FONTE.
SINDICATO NACIONAL DOS EDITORES DE LIVROS, RJ.

B961b

    Bunting, Basil, 1900-1985
    Briggflatts / Basil Bunting; tradução Felipe Fortuna. –
1ª ed. – Rio de Janeiro: Topbooks, 2016.
    168 p.; 23 cm.

    Tradução de: Briggflatts
    Inclui bibliografia
    ISBN 978-85-7475-262-4

    1. Poesia inglesa. I. Fortuna, Felipe. II. Título.

16-33314   CDD: 821
                                                                               CDU: 821.111-1

TODOS OS DIREITOS RESERVADOS POR
Topbooks Editora e Distribuidora de Livros Ltda.
Rua Visconde de Inhaúma, 58 / gr. 203 – Centro
Rio de Janeiro – CEP: 20091-007
Telefax: (21) 2233-8718 e 2283-1039
topbooks@topbooks.com.br/www.topbooks.com.br
Estamos também no Facebook.

SUMÁRIO

Apresentação – *Nelson Ascher* 11

"Briggflatts": Poema de Uma Vida 17

Briggflatts 49

Briggflatts 51

"Um Canto Um Tanto Intenso": Comentários
    à Tradução de "Briggflatts" 115

Textos de Basil Bunting sobre "Briggflatts" 127

    Notas 129

    O Ponto de Vista do Poeta 133

    Uma Nota sobre "Briggflatts" 136

    Três Outros Comentários 139

    Basil Bunting Fala sobre "Briggflatts" 141

Cronologia de Basil Bunting 155

Bibliografia 167

BRIGGFLATTS

A DIETA REVOLUCIONÁRIA
DO DR. BUNTING

Nelson Ascher

Diz-se que há músculos bons para mostrar e músculos bons para usar. No entrevero com uma compleição conspícua apenas por sua exiguidade, a musculatura mais vistosa leva amiúde a pior. Nem é diferente em poesia, território no qual manifestações superiores de vigor, de energia, se chamam a atenção, é, à primeira vista, por seu talhe franzino, mas que, em sucessivas releituras, mostra-se despido de irrelevâncias, avesso à obesidade, afeito ao que lhe dá dinamismo. Nem toda poesia magra é forte. Às vezes é só mirrada. Porém, quando de fato vigorosa, ela quase nunca admite excessos adiposos. E, se há em alguma língua uma obra moderna que ilustre isso à perfeição, é a de Basil Bunting, um conjunto sovina de poemas sobretudo breves, que, combinando em seu apogeu concisão e economia exemplares com uma expressividade tão vasta quanto exata, oferece-nos uma indiscutível obra-prima: "Briggflatts".

Embora não seja humanamente possível resumi-lo ou descrevê-lo em menos palavras do que ele mesmo usa, trata-se, para todos os efeitos, de um poema autobiográfico, ou melhor, de um poema sobre a vida – e que vida! – de um homem moderno, que é também as muitas vidas de muitos homens, talvez de todos os homens, história afora. "Briggflatts" é aquilo que muitos poetas do século passado tentaram fazer com variados graus de sucesso e insucesso: uma epopeia modernista, ou seja, um poema narrativo que está para os de outras épocas assim como o romance moderno está para seu predecessor oitocentista.

Décadas de laborioso aprendizado e experimentação formal e estilística, um domínio visceral da língua, uma visão desiludida mas não desencantada de mundo que o autor destilou de uma longa experiência consciente resultaram nos 700 e poucos versos, geralmente curtos, daquele que talvez seja o mais sintético e denso poema dos últimos cem anos. Pertencente a uma família que reúne *The waste land* e *Quatro quartetos*, de T.S. Eliot; *Os cantos*, de Ezra Pound; *Paterson*, de William Carlos Williams; *Z*, de Louis Zukofsky; *The Maximus poems*, de Charles Olson; e "Um Bêbado Contempla o Cardo", de Hugh MacDiarmid, a concisa epopeia de Bunting é seu único membro especificamente inglês. Ao mapear o modernismo de língua inglesa, o grande crítico canadense Hugh Kenner atribuíra (num livro significativamente intitulado *A sinking island / Uma ilha que afunda*) esse *aggiornamento*, divisor de águas entre o passado e o que se reconhece como contemporâneo, sobretudo a escritores e poetas das "províncias" – Irlanda, Estados Unidos –, com escassa participação significativa da metrópole, cuja única exceção notável foi Bunting com seu tardio poema que realizava, na era dos Beatles, o que os demais tentavam desde os dias do cinema mudo.

Nascido com o século XX, o poeta levou uma vida à parte, não raro marginalizada e marcada pela penúria, mas nem tanto por azar ou acidente, quanto por escolhas assumidas, a primeira das quais, consequência de sua educação quaker e, portanto pacifista radical, foi se recusar, ainda adolescente, a lutar na Primeira Guerra. Já na Segunda Guerra, uma guerra muito diferente, ele, também um homem muito diferente do que havia sido, fez questão absoluta de se engajar, e sua participação foi mais séria, significativa e repleta de episódios marcantes do que a de qualquer outro autor de seu tempo ou geração. Quanto viu e fez durante o conflito é matéria-prima central de sua mínima epopeia, e tal envolvimento com a realidade "real" filtrado durante uma longa vida por uma lucidez invulgar (que lhe permitiu, por exemplo, censurar impiedosamente a estupidez política de seu mestre e amigo Ezra Pound sem deixar por um segundo sequer de reconhecer-lhe a grandeza literária) tornam o que quer que escrevesse mais interessante, em princípio, do que a mais rebuscada criação de outros poetas que, por imaginativos que fossem ou sejam, têm, como horizonte existencial, o pátio interno de seu departamento universitário. Apesar disso, sua automarginalização social contribuiu para a marginalização de sua poesia, que só começou a atrair um círculo consistente de leitores com a publicação de "Briggflatts". Vagarosamente desde então esse círculo tem se ampliado e, graças ao excelente trabalho de Felipe Fortuna, inclui agora o Brasil e a nossa língua. Convém observar que, ainda não muito conhecido em seu próprio país, Bunting mal foi traduzido ainda para outras línguas.

E há boas razões para isso. Devido à extrema densidade, até mesmo seus conterrâneos acham difícil sua poesia, que exige sucessivas leituras e, não raro, certo aparato crítico, para começar a ser entendida (pelo menos no sentido em que um poema é entendido). Traduzi-la, então, está entre os maiores desafios que existem na área. Deve-se levar em consideração que, como a mais ampla, variada e consistente tradição poética do ocidente, e também uma das mais antigas e contínuas, a poesia de língua inglesa foi incessantemente refinada por uma série de grandes nomes, tornando-se, com o auxílio de peculiaridades do idioma, extremamente sintética, expressiva, sugestiva. Traduzi-la para uma língua latina é sempre uma operação complexa que, quando bem-sucedida, rende resultados diferenciados. Ademais, desde os anos 20/30 a poesia anglo-americana e irlandesa se tornou um modelo para as demais, de modo que traduzi-la bem tem sido, concomitantemente, uma intervenção direta no futuro imediato da poesia escrita na língua do tradutor. Ezra Pound e e.e. cummings tiveram, traduzidos, uma importância para a poesia brasileira relativamente recente comparável, em gerações anteriores, à de nomes franceses ou francófonos como Baudelaire, Verlaine, Apollinaire e Blaise Cendrars, este último, modelo e inspiração de boa parte de nossa poesia modernista.

A notável tradução que Fortuna faz da autobiografia poética do inglês tem tudo para ser um modelo não menos importante. Num ambiente como o nosso, no qual, quanto mais fácil se torna acessar à cultura internacional, menos curiosidade se mostra por ela, um ambiente caracterizado pela preguiça, por dogmas simplistas, reputações jamais questionadas, imperícia formal e anemia conteudística, elogios fáceis, pelo oportunismo puro e simples, as qualificações que o tradutor põe a serviço do original são raras. O poeta brasileiro já demonstrou, tanto na sua própria obra como em suas traduções anteriores, um domínio e perícia formais, um repertório de recursos e tradições, uma familiaridade com os mais diferentes poetas oriundos dos mais diversos lugares, enfim, tanto o que falta em nosso país quanto o que é necessário para levar a cabo uma exigente tarefa tradutória. Mas nada disso, em si, garantiria um bom resultado se não estivesse associado tanto a uma comprovada paixão pela poesia em geral e por esse poeta individual, quanto a uma capacidade obsessiva de trabalho. A presença de tais requisitos se evidencia na qualidade dos resultados.

Uma poesia como a de Bunting é quase o oposto da maior parte da lírica linguaruda que se escreve em nosso país. E a boquirrotice desta e manifesta independentemente da extensão de seus produtos, pois, se *Os Lusíadas* são concisos, na medida em que não há neles uma palavra excessiva, entre nós até os haicais têm, na sua maioria, pelo menos três versos sobrando. Trazido à nossa terra de palmeiras esguias e de poesia balofa, "Briggflatts" funciona como um modelo de regime: A Dieta Revolucionária do Dr. Bunting. E, claro, a primeira aplicação dessa dieta é sua própria tradução. Vale a pena enfatizar que o tradutor manteve o texto exemplarmente esbelto, magro e sutilmente musculoso. Só um prolongado convívio íntimo com um original tão difícil, cheio de armadilhas, quase intratável às vezes, é capaz de render algo similar, um texto a respeito do qual, o poeta brasileiro poderia dizer (como disse alhures): "Agora eu já não sei / se este poema é meu". Aliás, ele também descreve antecipadoramente, se bem que noutro contexto, o efeito que a operação toda pode ter tido sobre si mesmo: "Escrever ficou mais lento. / Como se a caixa se abrisse para / dentro de outra caixa. / Antes era mais simples (...)" E, se bem que o próprio Bunting tivesse não poucas reservas a respeito de T.S. Eliot, um serviço quase militar em tempos de guerra, que é meio pelo que passa quem se disponha a traduzir "Briggflatts", evoca um verso famoso do poeta anglo-americano: "Depois de tal conhecimento, que perdão?"

A obra de Basil Bunting e, em especial, seu poema-síntese, seu poema-ápice, tiveram um efeito lento, subterrâneo, mas cada vez mais decisivo e longe de concluído, na produção poética de seu país e língua. O melhor livro sobre a poesia britânica recente, de autoria do crítico e poeta Donald Davie, chama-se justamente *Under Briggflatts*. Alguns contatos seletos com a poesia estrangeira e, em certos casos, a materialização desses contatos em traduções de primeira mudaram diversas vezes o rumo e, até certo ponto, a natureza da poesia escrita em português dos dois lados do mar-oceano. Isso aconteceu quase meio milênio atrás, quando Sá de Miranda e Camões descobriram Petrarca e a poesia italiana em geral, quando os poetas brasileiros leram Baudelaire e os simbolistas franceses, e quando nossas distintas gerações modernistas descobriram os modernismos francês e anglo-americano. Basil Bunting é mais do que um poeta que se lê com prazer e satisfação: ele é um modelo cujo exemplo, se assimilado, pode melhorar a produção poética. A tradução de Felipe Fortuna, condizentemente, é mais do que uma boa tradução: é um verdadeiro manual de poética, uma espécie de defesa e ilustração do que a poesia brasileira pode vir a ser se seu exemplo for diligentemente estudado e inteligentemente seguido.

Maio de 2016

"BRIGGFLATTS": POEMA DE UMA VIDA

Felipe Fortuna

1.

NO DIA 14 DE ABRIL DE 1952, *O GLOBO* NOTICIAVA QUE FORA "Expulso do Irã o Correspondente do 'Times'". O nome do correspondente britânico era Basil Bunting, como corretamente publicou o jornal. Ele deveria deixar o país em 15 dias – e as autoridades locais não teriam dado motivo algum para a sua expulsão. A nota muito sucinta, no alto e à direita da página, registrara o essencial. Não foi informado, contudo, que o cidadão expulso havia escrito, na edição de 22 de agosto de 1951 de *The times*, que o recém-empossado Primeiro-Ministro do Irã, Mohammad Mossadegh, mais parecia "um político persa ordinário e não muito marcante. (...) Ele não é, no sentido comum, um homem bravo: talvez, ao contrário, seja tímido."[1] O que o jornal brasileiro não sabia é que Basil Bunting trabalhara ao longo de quase quatro anos como chefe de Inteligência Política na Embaixada britânica em Teerã, sendo responsável não apenas pelo acompanhamento dos eventos locais, mas também pelos do Iraque e da Arábia Saudita. Por fim, os leitores não seriam informados de que aquele

---

[1] Cf. Richard Burton, *A strong song tows us* – The Life of Basil Bunting (Westport: Infinite Ideas, 2013), p.328.

correspondente era tradutor literário do persa e, sobretudo, um dos maiores poetas da língua inglesa – o único escritor britânico que esteve de fato associado ao Modernismo anglófilo.

No mesmo ano de 1952, Basil Bunting já havia iniciado um longo processo de desaparecimento das letras. Seu primeiro livro, *Redimiculum matellarum*, fora publicado em Milão em 1930 numa edição privada: é agora um item raríssimo que pode atingir, nos alfarrabistas, o preço de dez mil dólares. Em 1950, o volume *Poems 1950* saiu por uma editora do Texas, enquanto o poeta se encontrava na Pérsia. Seriam necessários pelo menos quinze anos para que surgisse um novo livro do poeta – e, a partir de então, para que sua obra fosse reconhecida como uma das mais vigorosas da modernidade. Com sua expulsão do Irã, e seu retorno ao Reino Unido, também tinha início um longo ciclo de pobreza material – que, por fim, se estendeu até a sua morte, em 1985. Passaria a enfrentar numa situação de carência que não lhe permitiria sequer a compra de uma vitrola e de uma boa coleção de discos de música clássica – logo ele, que trabalhara como crítico musical para o jornal *The outlook* no final dos anos 20 e que valorizava a existência do som e do ritmo acima de todas as coisas, talvez até mesmo do sentido de um poema.

A pobreza e o relativo esquecimento da sua obra, no entanto, não afastaram o poeta de um considerável grupo de admiradores; nem conseguiram fazer desaparecer uma vida repleta de eventos – quase se pode afirmar, sem medo de ferir o estilo: uma vida intensamente nômade e rocambolesca.

Um desses grandes amigos da literatura foi Ezra Pound. O poeta norte-americano, quinze anos mais velho do que Basil Bunting, foi seguramente uma das mais fortes influências para o poeta de

"Chomei at Toyama". Primeiramente, como mentor silencioso, quando o encontro entre os dois ainda não acontecera: o discípulo admirava o poder de concentração e de observação que poemas como "Homage to Sextus Propertius" mantinham; o controle dos metros e dos ritmos de cada verso; e a importância da tradução, desde o conhecimento do poema na sua língua original até o seu processo de migração para a língua inglesa, na qual deveria aparecer como poema original – *make it new*. Foi Ezra Pound quem atraiu a atenção do jovem poeta, então marcado pelas sucessivas antologias da *Georgian poetry* (1912-1922) nas quais despontavam Rupert Brooke, Walter de la Mare, Robert Graves e tantos outros tendentes ao idealismo, à narração da experiência da I Guerra Mundial, ao sentimentalismo algo ingênuo. O poeta mais velho conseguia abrir, terminada a guerra, uma via possível para alcançar um valor novo e moderno – ele havia publicado "The Love Song of J. Alfred Prufrock" (1915), de T.S. Eliot, poema que impressiona pelo ritmo e pela surpresa dos versos:

> *Time for you and time for me,*
> *And time yet for a hundred indecisions,*
> *And for a hundred visions and revisions*
> *Before the taking of a toast and tea. (...)*
> *I have measured out my life with coffee spoons*
> *I know the voices dying with a dying fall (...)*[2]

---

[2] "Tempo para ti e tempo para mim, / E tempo ainda para uma centena de indecisões, / E uma centena de visões e revisões, / Antes do chá com torradas. // (...) Medi minha vida em colherinhas de café; / Percebo vozes que fenecem com uma agonia de outono". Tradução de Ivan Junqueira. Cf. T. S. Eliot, "A Canção de Amor de J. Alfred Prufrock", in *Poesia* (Rio de Janeiro: Nova Fronteira, 1981), p. 58-59.

Retrato de Basil Bunting pintado por Karl Drerup, 1939.

A poesia poderia, afinal, livrar-se de muita abstração e retórica, das inversões de frase tão desnecessárias quanto os numerosos e obsoletos adjetivos, da musicalidade rígida do metro, de todo o supérfluo. A poesia de Basil Bunting sofrerá uma inflexão importante a partir de então – e nunca mais deixará de valorizar até mesmo alguma brutalidade nas descrições e no ritmo dos versos, explorando rimas internas, aliterações contínuas, fazendo o verso *soar* de modo muito pessoal. Ezra Pound era uma escola para muitos poetas – a famosa *Ezuversity* – e o jovem poeta britânico se tornou um dos seus mais aplicados ouvintes.[3] O curso informal de poesia ocorria em Rapallo, na Itália, para onde Basil Bunting se mudou em 1924. Entre os muitos ensinamentos que recebeu, é possível salientar alguns que tiveram direta influência sobre a poesia do futuro autor de "The Spoils" ["As Ruínas"] (1951): a prática impiedosa dos cortes, para que o poema ganhasse em concentração e expressão; o conhecimento de outras línguas como contribuição para o poema; por fim, a importância da *melopeia*, seguramente uma das ideias que mais marcaram ambos os poetas.

A definição de *melopeia* foi transmitida por Ezra Pound no ensaio "How to Read", de 1928: "A melopeia pode ser apreciada

---

[3] São muitas as referências às aulas na *Ezuversity*. Ver, por exemplo, Peter Wilson, *A preface to Ezra Pound* (New York: Routledge, 2014), p.55; bem como o ótimo artigo de Alex Niven, "The Road to Briggflatts", in *The new left review*, n.89, September-October 2014, p.151.

por um estrangeiro de ouvido sensível, mesmo quando ignorante da linguagem na qual o poema está escrito. É praticamente impossível transferi-la ou traduzi-la de uma linguagem para outra, salvo talvez por acidente divino, e meio verso de cada vez. (...) Na melopeia encontramos uma força contrária, uma força que tende frequentemente a acalentar, ou a desviar o leitor do sentido exato da linguagem. É a poesia nas fronteiras da música e a música talvez seja a ponte entre a consciência e o irracional sensível ou mesmo o insensível universo."[4] De modo ainda mais incisivo, Ezra Pound já defendera a presença da música na poesia em seu ensaio "Vers Libre and Arnold Dolmetsch", publicado em 1918, que abre com a seguinte afirmação: "Poesia é uma composição de palavras disposta para a música. A maioria das outras definições são indefensáveis ou metafísicas. (...) A poesia deve ser lida como música e não como oratória. (...) Poetas que não estão interessados em música são, ou se tornam, maus poetas. Eu quase diria que os poetas nunca deveriam ficar muito tempo sem contato com músicos."[5] Não existe, para Basil Bunting, ideia mais importante e central do que a da preeminência da música sobre qualquer outro aspecto existente no poema: como ainda será comentado, a música suplantaria, no poema, a noção mesma de finalidade e de ideia.

Não se entenda, porém, que a relação entre Ezra Pound e Basil Bunting foi caracterizada pela via de mão única – ou seja, pela relação dominante do professor sobre seu aluno. Não. Em

---

[4] Ezra Pound, "How to Read", in *Literary essays of Ezra Pound* (London: Faber and Faber, 1960), p.25 e p.26. Minha tradução.
[5] *Op. cit.*, p. 437. Minha tradução. O artigo foi publicado originalmente em *Pavannes and divisions* (1918).

numerosas ocasiões, o poeta norte-americano deu provas de que havia, de fato, simbiose de interesses em matéria de poesia com aquele rapaz vindo do Norte da Inglaterra. Ao organizar a *Active anthology* (1933), que contém poetas norte-americanos majoritariamente, escreveu que muitos dos poetas ali reunidos eram "mal conhecidos na Inglaterra". Como é típico na obra poundiana, o elemento didático marca a antologia, que busca apresentar poemas nos quais "um desenvolvimento parece estar acontecendo." Basil Bunting se vê, assim, com uma seleção generosa de cinquenta poemas na companhia de T. S. Eliot, William Carlos Williams, e. e. cummings, Marianne Moore, Louis Zukofsky e o próprio Ezra Pound, entre outros. No caso do poeta inglês, a seleção foi tanto mais significativa porque incluiu desde poemas marcadamente regionais, como "The Complaint of the Morpethshire Farmer", até poemas de tema internacional, a exemplo de "Villon". E não há dúvida de que o organizador buscava atrair leitores do Reino Unido para um poeta daquele mesmo país...[6]

Em *Os cantos* (1930-1969), Ezra Pound cita Basil Bunting ao menos três vezes – dando a entender que o poeta nunca recebera o reconhecimento devido. No Canto 74 se encontra a menção mais anedótica – que alude a um episódio impossível de ser confirmado: o de que o poeta inglês, quando preso em Londres por se negar a servir durante a I Guerra Mundial, alegando objeção de consciência e defesa do pacifismo, foi provocado todos os dias pelo seu carcereiro a comer uma galinha:

---

[6] Sobre a importância da *Active anthology*, leia-se o ensaio de Charlotte Estrade, "Transatlantic Crossroads: Ezra Pound's 1933 *Active Anthology*", in *Caliban - French Journal of English Studies*, n.33, 2013, p.123-132.

> *hast killed the urochs and the bison sd/ Bunting*
> *doing six months after that war was over*
> *as pacifist tempted with chicken but decline to approve*
> *of war "Redimiculum Metellorum"*
> *privately printed*
> *to the shame of various critics*[7]

Basil Bunting ainda será citado no Canto 77 por haver traduzido *Shahnameh*, do poeta persa Firdosi, bem como no Canto 81, a propósito de festejos populares quando vivia nas Ilhas Canárias... E não se deve esquecer a eloquente dedicatória de um dos livros mais militantes de Ezra Pound, *Guide to kulchur* (1952): "Para Louis Zukofsky e Basil Bunting lutadores no deserto".

Tudo indica um diálogo de mútua admiração, a partir do qual Basil Bunting escreve poemas de nítida influência poundiana, mas com inequívoca voz própria e, gradualmente, com tendências até mesmo divergentes do poeta mais velho. Já em *Poems 1950* se percebe que a linguagem do poeta inglês é marcantemente mais direta do que a do mestre, às raias da austeridade, com inclinação ao coloquialismo e a uma retórica bem mais rarefeita. Por outro lado, Ezra Pound recolheu animadamente a descoberta que Basil Bunting fizera, a partir de um dicionário alemão: *Dichten = Con-*

---

[7] Ezra Pound, *The cantos* (New York: New Directions, 1996), p. 451. Tradução de José Lino Grünewald: "matou os uroques e o bisonte, disse Bunting / seis meses depois do fim da guerra / como pacifista tentado por frangos mas infenso a aprovar / a guerra "Redimiculum Metellorum" / privadamente impresso / para a vergonha de vários críticos", in *Os cantos* (Rio de Janeiro: Nova Fronteira, 1986), p. 476. No Canto CX, Bunting é uma vez mais citado – dessa vez, na companhia de Allen Upward – como poeta relegado e resistente: "Bunting e Upward relegados, / todos os resistentes apagados, (...)." Cf. *Op. cit.*, p. 814.

densare, poesia = condensar. Cita-o duas vezes em seu *ABC of reading* (1934) e afirma que a poesia "is the most concentrated form of verbal expression."[8] Juntamente com a obstinada valorização da música no verso, a ideia de condensação se converteu numa constante de alguns dos poemas de Basil Bunting.

Essa relação harmoniosa entre os dois poetas, muito intensa nos anos 20 e 30, só teria fim quando Ezra Pound começou a divulgar as suas ideias e arengas fascistas e antissemitas. Em ensaios e entrevistas nas quais comentou a obra de Ezra Pound, o autor de "The Spoils" nunca deixou de reconhecer a importância do poeta norte-americano na sua poesia e em toda a sua geração. Porém, Basil Bunting não suportou os persistentes e enraivecidos discursos do amigo contra raças e religiões, e assim escreveu uma carta robusta em 1938, que também transmitia o rompimento de uma amizade: "Cada antissemitismo, antiafricanismo, anti-islamismo que posso lembrar na história foi baixo, teve as suas fundações no tipo mais mesquinho de inveja e ambição. Fico enojado ao vê-lo coberto com essa sujeira. Não é uma questão discutível, não tem sido discutível por pelo menos dezenove séculos. Ou você reconhece os homens por serem homens, e não algo menor, ou você se torna um inimigo da humanidade como um todo."[9]

Ezra Pound estabeleceu diretrizes, dialogou com seu discípulo e o admirou, além de exibir a monstruosidade das suas percepções políticas – e ainda foi responsável por mais um ato decisivo: o de impulsionar a amizade entre Basil Bunting e Louis Zukofsky. Um dos principais praticantes do objetivismo em poesia, Louis Zuko-

---

[8] Ezra Pound, *ABC of reading* (New York: New Directions, 2010), p. 36.
[9] Cf. Richard Burton, *Op. cit.*, p. 261. Minha tradução.

fsky foi o poeta mais importante, após Ezra Pound, para o autor de "Briggflatts": e esse reconhecimento é atestado pelo próprio Basil Bunting, por exemplo, no curso que preparou para a Newcastle University em 1974.[10] Nele, o poeta salienta a estranheza dos poemas de Louis Zukofsky, seja pelo uso do idioma inglês adquirido como segunda língua, seja pelo perceptível abandono da sintaxe, seja pela presença predominante do assunto urbano em sua poesia. O que mais impressiona o amigo e comentarista, porém, é a aproximação conseguida entre a poesia e a música. Basil Bunting lembra que Louis Zukofsky se casou com uma pianista e compositora; que o casal gerou um filho violinista. Conclui que ele "tornou-se mais íntimo da música e das tecnicalidades da música do que muitos poetas."[11] Louis Zukofsky seria um poeta na fronteira entre o poema e a música – fascinado pela ideia de fuga e capaz de fundir, nos seus versos, imagens e ritmos com o conhecimento seguro de um compositor. Foi o poeta americano – filho de pais judeus lituanos – quem afinal inclui uma passagem do *Livro de Jó* no célebre poema "A" que imita os sons hebreus ao longo de muitos versos, indiferente ao sentido das palavras. Por fim, o amigo lembra que Louis Zukofsky era um exímio praticante da condensação – e Basil Bunting não nega que, quanto a esse aspecto, tentou até mesmo rivalizar com ele.[12]

A condensação está, sem dúvida, refletida no tamanho relativamente pequeno da reunião de poemas de Basil Bunting: não mais

---

[10] Peter Makin (ed.), *Basil Bunting on poetry* (Baltimore: The John Hopkins University Press, 1999), p. 154.
[11] *Op.cit.*, p.154.
[12] Cf. "Conversation with Basil Bunting on the Occasion of his 75th Birthday, 1975", in *Poetry information*, n.19, 1978, p. 8.

do que duzentas páginas ao longo de toda a vida. O poeta executa um trabalho de lenta assimilação de técnicas e de desenvolvimento de suas ideias, em intervalos que resultam longos: vinte anos separam a publicação do seu primeiro livro e o livro seguinte, *Poems 1950*. Em seguida, dezesseis anos para o aparecimento de "Briggflatts". Como bem mostra a edição de sus poemas reunidos, a partir de 1978 (portanto, ainda em vida do autor), a obra poética de Basil Bunting se assemelha a um continuado exercício sobre formas fixas, divididas essencialmente em *Sonatas* (como "The Spoils" e "Briggflatts") e *Odes* (que agrupam numerosos poemas curtos).

Fora dessa classificação se encontra o longo "Chomei at Toyama" – cuja motivação é das mais casuais possíveis. O poema está baseado no ensaio *Hojoki*, de Kamo no Chomei, que Basil Bunting leu numa tradução para o italiano... O autor japonês descreve vários desastres naturais em Kyoto, no século XII, e sua decepção com a política. Abandona por fim a vida que levava e busca retiro numa cabana nas montanhas Hino, onde passa a meditar. O poema – escrito no fervor do seu contato com Ezra Pound e considerado por muitos críticos como inferior somente a "Briggflatts" – foi rejeitado por T.S. Eliot para publicação na revista *Criterion*. O poeta de *Four quartets* (1943) alegou que o poema de Basil Bunting era "muito poundiano" e, além disso, havia sido escrito por um poeta que jamais viajara para o Japão e não sabia uma só palavra de japonês... [13] O poema, no entanto, serviu como vigoroso exercício de condensação e de técnica e encontrou lugar, mais tarde, no *Oxford book of twentieh century English* (1973) organizado por outro expressivo poeta, Philip Larkin.

---

[13] Cf. Richard Burton, *Op. cit.*, p.193-194.

Entre os poemas no grupo das sonatas, "The Spoils" é um dos mais significativos – sobretudo por representar a experiência mais radical de condensação executada pelo poeta. Trata-se de um poema sobre a Segunda Guerra Mundial que Basil Bunting logrou publicar na revista *Poetry* ainda em novembro de 1951. A reconhecida obscuridade do poema, no entanto, não está limitada ao aspecto técnico: é que nele existem numerosas referências à cultura oriental (especialmente à poesia persa e ao zoroastrismo) que o tornam quase incompreensível a um britânico e a um americano. O poema representa, no entanto, uma demonstração do método que o poeta utilizará em "Briggflatts", ao tematizar sobre sua própria história. Resulta também de um intenso diálogo mantido com Louis Zukofsky, que afinal convenceu o poeta a cortar muitas partes. A operação dos cortes acabou provocando danos à simetria planejada para o poema, classificado pelo próprio poeta de "torto", "desigual".[14]

Tantas viagens realizadas por Basil Bunting ao longo da vida, tanto interesse por outras culturas, ao Oriente ou não, tanto estudo de poetas estrangeiros apontam para uma seção importante da sua obra: a do tradutor. E, por mais que o poeta estivesse convencido da impossibilidade de traduzir poesia, acabou publicando e divulgando muitas traduções. Uma parte dos seus *Complete poems*, denominada de *overdrafts*, é constituída de traduções de Lucrécio, Horácio, Catulo, bem como dos seus poetas persas preferidos – Firdosi e Manucheri. São traduções que ganharam o reconhecimento dos especialistas e, por outro lado, procuraram escapar à rigidez e ao formalismo de muitas traduções que haviam

---

[14] Cf. Victoria Forde, *The poetry of Basil Bunting* (Newcastle: Bloodaxe, 1991), p.205-206.

sido realizadas, justamente, por especialistas. O poeta valorizava essas traduções não apenas pelos desafios técnicos que apresentavam, mas também porque ensinavam a escrever poesia: "se eu de fato aprendi o truque, foi por meio de poetas há muito mortos cujos nomes são óbvios (...)."[15] As traduções que realizou foram resultado direto de mais um estímulo recebido de Ezra Pound e contou com o engajamento de Louis Zukofszy, por meio de discussões e cartas. Um poema do autor de "A", "Verse and Version", em homenagem ao mestre d'*Os cantos*, chegou a ser traduzido para o latim por Basil Bunting, como outra forma de participação. Em cada poeta traduzido seria possível encontrar "valores permanentes" e lições a serem assimiladas. Em relação a Horácio, por exemplo, o poeta britânico admirava a economia e a contenção, bem como o uso de um vocabulário relativamente simples, a transição abrupta e o paradoxo intencional.[16]

As traduções feitas da poesia persa são as mais numerosas na obra de Basil Bunting – e, possivelmente, aquelas que permitiam combinar o interesse literário do poeta com sua atividade profissional imediata: afinal, ele tinha familiaridade com o persa literário antigo, mas igualmente com a língua coloquial do país onde serviu como oficial de inteligência, como diplomata e como correspondente do jornal *The times*. Numa carta para Louis Zukofsky, de 29 de outubro de 1953, o tradutor se considerava "muito mais lido no idioma persa do que a maioria dos orientalistas nas universidades britânicas e europeias, especialmente nos poetas antigos – Firdosi, Rudaki, Manucheri, Farrukhi, etc., cujas obras

---

[15] Basil Bunting, "Preface", in *Collected poems* (Oxford: Oxford University Press, 1994), p.3.
[16] Cf. Victoria Forde, *Op. cit.*, p.118.

são fundamentais para a real compreensão da literatura persa do mesmo modo como a obra de Homero e Ésquilo é fundamental para a compreensão do grego."[17] Basil Bunting era especialmente crítico dos especialistas que acabavam dedicando seus esforços a poetas secundários ou dos que salientavam com exagero os aspectos místicos e religiosos.

A atração pela poesia persa teria começado com o conhecimento, ainda nos anos 30, do clássico *Shahnameh*, do poeta Firdosi. Também conhecida como *Livro dos Reis*, a obra é um longuíssimo poema épico que trata da criação do mundo à conquista islâmica da Pérsia no século VII. Não será difícil encontrar, décadas depois, em "Briggflatts", as marcas que o poema deixou na sua poesia.

Manucheri Damghani, poeta real persa do século XI, era considerado por Basil Bunting um gigante literário das mesmas dimensões de Homero, dono de uma versatilidade que superava a de muitos poetas de outros tempos e idiomas, em musicalidade, em sátira, em solenidade, em esplendor. O poeta britânico traduziu diversos poemas escritos na forma de *ghazal* (que consiste numa sucessão de dísticos rimados, com metros iguais, e um refrão). Em comentários

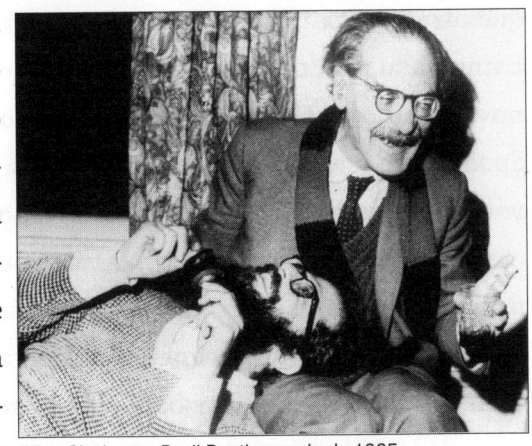
Allen Ginsberg e Basil Bunting, maio de 1965

---

[17] Cf. Victoria Forde, *Op. cit.*, p.121.

especializados sobre as traduções de Basil Bunting do persa, observa-se que, em inglês, o esquema de rimas original não é fielmente reproduzido, mas há notável esforço na criação de rimas internas, quase rimas, assonâncias e aliterações que procuram reproduzir a musicalidade dos versos. Ao mesmo tempo, o exame do conjunto surpreende pela fidelidade do tradutor ao *conteúdo* original, o que não é, entretanto, "algo que se pudesse esperar de um suposto seguidor de Pound."[18]

Após a publicação de *Poems 1950*, Basil Bunting conheceria mais um longo intervalo sem publicar livros – e, afastado dos meios literários e mesmo do seu país em função dos seus numerosos deslocamentos pelos continentes, o poeta estava esquecido. Foi providencial, por isso, o encontro com um poeta muito jovem: Tom Pickard. Também nascido no norte da Inglaterra, de origem operária, o poeta telefonou para Basil Bunting em algum momento em 1964, seguro de que deveria visitar "o maior poeta vivo". O encontro provocou impacto no poeta mais velho, que atravessava um momento de muita dificuldade financeira. Estimulado pela conversa e pelas ideias de um representante da nova geração, Basil Bunting viu publicado em 1965 o poema "The Spoils" por uma editora recém-fundada e se sentiu obrigado a voltar a escrever. Tom Pickard foi o responsável por trazer o poeta de volta à circulação, por meio de leituras e da publicação de novos poemas; e, sobretudo, foi determinante para a elaboração de "Briggflatts". O renascimento do poeta não teve apenas efeito local: em breve, Allen Ginsberg – o poeta de *Howl* [Uivo] (1956)

---

[18] Parvin Loloi e Glyn Pursglove, "Basil Bunting´s Persian Overdrafts: a Commentary", in *Poetry information* n. 19, 1978, p. 57.

– compareceria a uma das leituras de Basil Bunting e, num rápido registro sobre "Briggflatts", passou a considerar o poeta "um dos mestres da era da invenção poética juntamente com Pound e [William Carlos] Williams. (...) Ele permanece para mim o mais alerta conhecedor da prosódia na Inglaterra. Quero dizer, o melhor poeta vivo, entre os caras mais velhos."[19]

2.

O nome Briggflatts é cheio de sentidos: refere-se ao vilarejo que se situa ao norte dos Peninos, local onde o poeta viveu um encontro amoroso no início da sua adolescência – o que está descrito já na primeira seção do seu longo poema. Briggflatts também significa o local de nascimento da seita Quaker na Inglaterra: próxima à cidade de Sedbergh, na região da Cumbria, está localizada a Casa de Encontros Brigflatts (com apenas um *g*). Construída em 1675 para reverenciar a visita à região, em 1652, de George Fox, dissidente religioso que liderava um grupo insatisfeito com a doutrina católica, a casa simboliza o início do quakerismo no país. Briggflatts também significa "um poema de retorno, depois de longas temporadas em terras exóticas (...), uma celebração das origens, do sangue remoto e ancestral, e da paisagem natal", como bem descreve o crítico Herbert Read.[20] Assim, sutilmente se enredam os sentidos amoroso-erótico, de história, de afirmação de fé divergente e da memória, que conformam em larga medida todo o poema.

---

[19] Artigo publicado no jornal *International times* n.6, de Londres, edição de 16 a 29 de janeiro de 1967, p. 14. [N. T.]
[20] Herbert Read, "Basil Bunting: Music or Meaning?", in *Agenda*, vol. 4, n. 5 & 6, Autumn 1966, p.7.

"Briggflatts" é também "Uma Autobiografia", como subintitula o poeta; autobiografia de um poeta que, bem entendido, não segue qualquer plano rigoroso ou estritamente factual. A obscuridade e o vigor das referências formam o núcleo do poema e o sustentam do início ao fim. A fim de marcar o caráter autobiográfico do poema, "Briggflatts" está dedicado "Para Peggy": trata-se de Peggy Greenbank, a adolescente que deflagra o amor e o erotismo no encontro com o poeta. Numa carta a Louis Zukofsky, de 16 de setembro de 1964, Basil Bunting comenta sobre as múltiplas inspirações para o poema: "Peggy Greenbank e todo o seu ambiente, o vale do rio Rawthey, os cerros de Lunedale, a herança Viking toda desparecida salvo por um fraco odor, a antiga vida Quaker aceita sem pensar e sem suspeitar de que poderia parecer excêntrica: e o que acontece quando alguém deliberadamente rejeita o amor, como então eu fiz – ele busca vingança."[21] Pode-se assim especular que "Briggflatts" também é uma carta de amor que pede perdão pelo que poderia ter sido e não foi: uma história interrompida, que assombra o poeta ao longo de mais de cinquenta anos.

O poema se abre com duas citações, a primeira em espanhol: "*Son los pasariellos del mal pelo exidos*". Trata-se de um verso do anônimo "Poema de Alexandre", escrito em espanhol antigo no início do século XIII.[22] A menção a um episódio da vida de Alexandre Magno será feita na terceira seção do longo poema inglês, mas por ora se registre que, na mesma página de abertura, o poeta insere outra citação, que traduz a primeira: *The spuggies are fledged*.

---

[21] Cf. Victoria Forde, *Op. cit.*, p.207. Minha tradução.
[22] Cf. Antonio de la Iglesia, *El idioma galego* (La Coruña: Latorre y Martinez, 1886), p.78.

A palavra *spuggies* (plural de *spuggy*), raramente dicionarizada, é decifrada pelo poeta nas notas que preparou: *little sparrows*, "pardaizinhos". A simples aparição do verso em espanhol e de sua possível tradução impõe um comentário: o "Poema de Alexandre" trata da primavera e das mudanças que o mês de maio traz para a paisagem e para o humor das pessoas. Uma possível tradução para o português: "Os canários perderam as plumas ruins". Ao utilizar *spuggies*, no verso que se traduz por "Os pardaizinhos estão emplumados", Basil Bunting dá preferência a uma palavra regional da sua Nortúmbria. Nessa operação, anunciam-se vários sinais: o primeiro, o da tradução por uma via criativa, tal como ensinava Ezra Pound. Em seguida, a nota muito pessoal do poeta inglês, insistindo em tornar regional o poema modernista que escreveria. E, por fim, o fato de que "Briggflatts" tem início na estação da primavera.

O mais longo poema de Basil Bunting está dividido em cinco seções: as seções um e dois, quatro e cinco são indicativas das estações do ano, a começar pela primavera – como já se comentou. A parte central do poema – seção três – mostra o encontro de Alexandre com o Anjo, cuja inspiração provém da versão persa da mesma lenda, a partir do *Shahnameh* de Firdosi. Numa nota a "Briggflatts", o poeta explica: "Lugares-comuns provêm a estrutura do poema: primavera, verão, outono, inverno do ano e da vida do homem, interrompida no meio e equilibrada em torno da viagem de Alexandre aos limites do mundo e sua futilidade, e selada e assinada no fim por uma confissão da nossa ignorância. Amor e traição são aventuras da primavera, a sabedoria dos mais velhos e a distância da morte, quase nada mais do que uma lápide. No verão não há descanso para a ambição e a luxúria da experiência, nunca final" (p. 136). O poeta inicia uma viagem logo após haver rejeitado o amor casualmente surgido, abandonando não só aquela experiência, mas também se afastando de sua casa e da terra onde nascera. Essa viagem obrigará o poeta a enfrentar muitas vicissitudes: a sociedade urbana, as mulheres que surgem sem amor, a vida no estrangeiro, a literatura e a guerra.

As seções constituintes do poema foram bem planejadas, como o poeta mesmo confessa numa entrevista de 1970 –reproduzindo-as por meio do seguinte esquema:

Para Basil Bunting, naquela mesma entrevista, "A primavera está em torno a 'Briggflatts', o verão está em todo lugar – Londres, o Ártico, o Mediterrâneo. O outono é quase todo nos Dales, e a última parte é quase toda na costa de Northumberland" (p. 149). Uma força-motriz do poema é certamente o arrependimento ou o remorso, que faz o poeta regressar, cinquenta anos depois do encontro amoroso, ao mesmo local de onde saíra. "Briggflatts" é um poema intenso sobre o amor – sobre o amor perdido, mais precisamente – que trata, pelo viés autobiográfico, da busca da identidade, da inquietação a atormentar o poeta por onde esteja e, enfim, do sentimento de pertencer a um lugar que funde a história, a língua, a paisagem e a dimensão pessoal. Poema de uma busca persistente e sofrida, que o poeta condensa em 717 versos.

A estrutura de "Briggflatts" não se limita, porém, às cinco seções constituintes do poema: também está relacionada a uma noção bem peculiar de musicalidade. Em alguns comentários sobre o poema – e na seção IV – o poeta menciona a importância da música de Domenico Scarlatti para a composição de "Briggflatts", em especial as sonatas. Em linhas gerais, a influência do músico italiano resultaria em muita condensação, simplicidade de expressão, habilidade sem vanglória:

> *É tempo de considerar como Domenico Scarlatti*
> *condensou tanta música em tão poucos compassos*
> *sem jamais uma volta complicada ou cadência congestionada,*
> *jamais uma vanglória ou um olha-só; e estrelas e lagos*
> *o ecoam e o bosque tamborila seu ritmo,*
> *picos nevados se elevam ao luar e ao crepúsculo*
> *e o sol nasce numa terra reconhecida.*

Mais especificamente, a estrutura da Sonata L204 K105 estaria presente na seção I do poema, com seus versos relativamente curtos, em estrofes regulares de treze versos cada, e com o tema de celebração da vida em linha com um movimento intermitente – no poema, a vida aparece em contraste com a morte, por exemplo, na imagem do pedreiro cuja tarefa é bater na lápide o nome das pessoas falecidas. Imagem de indubitável tensão: o encontro da arte com a mortalidade, da perícia do artesão com a brevidade da vida. No esquema desenhado por Basil Bunting, cada parte do poema exibe dois pontos climáticos – à exceção da seção III, com apenas um ponto. Na seção I, os dois pontos culminantes poderiam ser o encontro amoroso e, em seguida, o amor morto: evidencia-se, assim um contraste entre a primeira estrofe – na qual a natureza parece até mesmo dançar, na imagem sólida de um búfalo – e a última estrofe, na qual todas as imagens são de decadência, apodrecimento e fim.

A seção II do poema, relativa ao verão, estaria sob a influência da Sonata L25 K46 – na qual o poeta que rejeitou o amor se vê lançado a um ambiente caótico e casual. A estrutura dessa sonata pode ter impulsionado o poeta a conceber a sequência de estrofes curtas e longas – e, sobretudo, a respeitar as pausas entre cada uma. Pois as estrofes se sucedem como se tratassem de motivos diferentes, unidos pelo conjunto maior da experiência do poeta em suas viagens e deslocamentos no tempo e no espaço. Em outras palavras: são os "blocos de ritmo" da sonata que animam Basil Bunting a escrever os seus "blocos de texto", as estrofes que afinal formam o conjunto completo da parte II.[23]

Atuando como um divisor de todo o poema, a seção III de "Briggflatts" foi considerada por Basil Bunting como "uma coisa diferente". E o poeta explica que essa parte mediana "é um pesadelo ou um sonho ou seja lá o que você imaginar"[24]. Trata-se do episódio de Alexandre Magno. Numa entrevista de 1970, o poeta explica que a seção III é "a parte central do poema", que tratada do diálogo do rei da Macedônia com o anjo no topo da montanha. O texto que

---

[23] A ideia de "blocos de ritmo" da Sonata L25 K46 é desenvolvida por Ralph Kirkpatrick, in *Domenico Scarlatti* (Princeton: Princeton University Press, 1953), p. 299. Outro comentário importante do crítico musical faz menção aos "efeitos surpreendentes" provocados, na mesma sonata, pela "repentina pausa em silêncio, a medida vazia fora do tempo" – de que possivelmente Basil Bunting se valeu para a construção das suas estrofes. Cf. *Op. cit.*, p. 298.

[24] Cf. Victoria Forde, *Op. cit.*, p. 228.

inspira os versos em "Briggflatts" é o do poeta persa Firdosi em *Shahnameh*, assim resumido pelo próprio Basil Bunting:

> *Alexandre perambula por terras e mais terras onde acontecem as coisas mais horríveis, e finalmente chega às montanhas de Gog e Magog no fim do mundo. E suas tropas se recusam a segui-lo, mas sozinho ele sobe ao topo da montanha, e lá ele vê o Anjo sentado exatamente como no seu poema, com a corneta pronta nos lábuis para assoprar, e olhando ansiosamente para o leste à espera do sinal para assoprar a corneta e colocar um fim ao mundo.*[25]

Alexandre, abalado pela visão e pelo encontro com o Anjo, cai da montanha e, recuperando-se, dirige as tropas em paz de volta à Macedônia. Essa seção de "Briggflatts" exibe um corte abrupto no poema, que até então se desenrolava como uma autobiografia, à sua maneira. De fato, existe uma mensagem, de natureza mística ou religiosa, implícita no episódio de Alexandre. Mais importante, porém, é salientar que Basil Bunting não tem qualquer pretensão teológica ao recontar o encontro com o Anjo – mas, provavelmente, está movido por um impulso moralista, no qual critica a ambição e a futilidade dos empreendimentos humanos. A seção III também prepara o poeta para o retorno à casa, à terra natal, à familiar Northumberland que o espera após tantos deslocamentos no espaço e no tempo. A seção III do poema está associada à Sonata L275 K394 de Domenico Scarlatti, com suas divisões bem marcadas – tanto assim que há quem considere que se trata de duas Sonatas: abre-se assim a possibilidade de leitura

---

[25] "Basil Bunting Talks about 'Briggflatts'", in *Agenda* (Vol. 16, n.1), Spring 1978, p. 10. Minha tradução, p. 143.

em pelo menos dois andamentos ou dons tons, o último deles inicialmente vigoroso, e descendente ao final.

Versos longos e rememorativos caracterizam a seção IV de "Briggflatts", na qual o poeta dialoga intensamente com o passado da sua terra natal: passado marcado por batalhas violentíssimas e por lutas territoriais. *I hear Aneurin number the dead, his nipped voice* – "Escuto Aneurino contar os mortos, sua voz mordida", confessa Basil Bunting, ao citar o poeta do século VII que escreveu *Y Gododdin*, poema que trata de uma das guerras regionais ocorridas em Catterick, Yorkshire, considerada brutal até mesmo pelos testemunhos da época. O poema de Aneurino celebrava a glória da carnificina, dos banquetes e das mortes. É essa memória imaginária da violência do passado que permeia a seção IV do poema, trazendo à tona a origem sangrenta das conquistas e, também, da chegada da Igreja ao país. Os nomes dos missionários se sucedem no poema – bem como os intricados desenhos do Codex Lindisfarne: o poeta vai assim tecendo, como numa elaborada iluminura, as camadas da memória e da história que estão na origem da região onde nasceu, agora projetadas em "Briggflatts". A seção IV do poema, que teve início com versos longos, aponta para um final de versos curtos, à maneira de um cone, no qual o poeta finalmente se revela – um rato, pois não esteve à altura de aceitar o amor que lhe foi oferecido:

> Aonde os ratos vão vou eu,
> acostumado à penúria,
> sujeira, desgosto e fúria;
> evasivo para persistir,
> rejeito a isca
> mas mordisco o melhor.

O contraste entre o sublime e o espúrio, entre o bem e o mal, entre os homens santos e os guerreiros sanguinários marca essa seção do poema, na qual o poeta reflete sobre a identidade do lugar que o formou.

Domenico Scarlatti é citado em meio às meditações que dão forma à seção IV – e justamente pelo poder de condensação de sua música – como já se indicou. A Sonata L33 K87 está associada a essa seção, com seu lento e intenso poder evocativo.

A seção V de "Briggflatts" apresenta um belo movimento ascensional: começa com a mudança de estação – na qual o gelo começa a gotejar – e parte dos bichos da terra para as dimensões mais longínquas da galáxia, onde estão as estrelas:

> Mais distantes, coisas mais claras, as estrelas, livres de nossa fraude,
> cada uma por si, quanto mais conhecidas mais sozinhas,
> cobrem-se em fogo enfático crepitando até um conduto negro.

O poeta está extasiado com o belo e o incompreensível: o seu conhecimento da terra natal se confunde com a sua vasta ignorância de tudo o mais o que o cerca, ao contemplar a natureza e o mundo celeste. É uma preparação para a Coda do poema, que trata, justamente, da força suprema que puxa os seres cegos *to fields we do not know* ("rumo a campos desconhecidos"). A força central dessa seção do poema concentra-se no encontro do passado com o momento presente do poeta: *Then is Now* ("O Então é o Agora"). A confissão derradeira dessa autobiografia poética está registrada nos versos em que o poeta comenta o acontecimento amoroso ocorrido há cinquenta anos, que permaneceu intacto, no entanto, na sua emoção pura: *She has been with me fifty years* ("Ela tem estado comigo cinquenta anos"). É o encontro final que encerra o poema: e também a descoberta de que foi o amor sentido no passado que o fez evocar todo o conjunto da história da Nortúmbria, da natureza da sua região e, sobretudo, do trauma da perda. Camadas superpostas também feitas da língua local, da sonoridade de cada palavra, do sotaque e da entonação presentes em cada sílaba. Se for possível definir um *sentido* para "Briggflatts", deve-se recorrer a uma noção ideal de palimpsesto e de técnica de composição, pois o poeta requer, a todo momento, aspectos da musicalidade e do léxico, da história e da memória pessoal, da natureza e das viagens para compor o painel vasto da sua terrível conclusão: a de que ele havia perdido o grande amor da sua vida.

3.

Basil Bunting não acreditava que um poema devesse ter sentido: como escreveu em 1966, "A poesia, como a música, é para ser ouvida." E confirmava, anos depois: "O som das palavras faladas alto é em si mesmo o significado, assim como o som das notas tocadas nos instrumentos adequados é o significado de qualquer peça de música." Em entrevistas, o poeta insistia: "Eu acredito que a coisa fundamental em poesia é o som, assim que, qualquer que seja o sentido, qualquer que possa ser sua intenção última nessa direção, se você não tiver conseguido o som certo, não é um poema."[26] Como se sabe, a tradição da musicalidade na poesia moderna tem origem em ideias simbolistas, como a famoso verso da "Art Poétique" de Paul Verlaine, *De la musique avant toute chose*, – que ainda sugeria o uso do ímpar, *Plus vague et plus soluble dans l'air*. A música, na tradição modernista, não é harmonia nem fluidez: ao contrário, transporta para ritmos imperfeitos e por vezes abruptos que traduzem, porém, a percepção do poeta. Em "Briggflatts", sobretudo, o poeta se manteve fiel à lição que está contida no Canto 81 de Erza Pound (no qual se recorda uma história contada por Basil Bunting: *(To break the pentameter, that was the first heave)*, "(Para quebrar o pentâmetro, esse foi o primeiro esforço)".[27] De fato, a lição poundiana foi bem absorvida em "Briggflatts", considerando-se a aspereza de muitas passagens do poema, com suas brutais consonantes colidindo nas palavras e a fricção persistente de versos que, ademais, são recitados com pronúncia específica de Northumberland.

Também persiste, na musicalidade de "Briggflatts", uma outra ideia diretamente influenciada pela leitura d'*Os cantos*: a da polifonia de ideias – e não meramente de sons – que passam a ser transmitidas pela execução da própria música dos versos. Para Basil Bunting, a pronúncia das palavras – com seus erres dobrados e vogais enfáticas – era em si mesma um discurso político,

---

[26] Ver "O Ponto de Vista do Poeta", p. 133; "Uma Nota sobre 'Briggflatts'", de 1989, p. 136; "Três Outros Comentários", p. 139.
[27] Ezra Pound, *Os cantos* (Rio de Janeiro: Nova Fronteira, 1986), p. 564. Tradução de José Lino Grünewald.

uma forma de resistência e um patrimônio a preservar. E por essa via radical da defesa da musicalidade, o poeta também homenageava a tradição dos versos de William Wordsworth e de A. C. Swinburne, ambos poetas atraídos pela cultura do norte da Inglaterra. "Briggflatts" é um poema escrito para ser recitado, para ser lido em voz alta: e só assim, na concepção de quem o escreveu, o longo poema poderia ser plenamente compreendido.

Obviamente, a defesa radical da musicalidade, tal como feita por Basil Bunting, suscitou críticas mesmo entre os seus admiradores, alguns dos quais rápidos em apontar contradições do poeta. Juntando-se a Peter Ure no seu ataque, o crítico Antony Suter lamentou que o poeta tenha tentado reduzir a poesia a uma expressão musical, lembrando que a música é apenas uma parte da experiência poética, que coexiste com uma "estrutura de significados". E salientou que, se a poesia fosse efetivamente apenas sons, poderia ser escrita com símbolos fonéticos![28] Por sua vez, e como

Basil Bunting e Peggy Greenbank, que inspirou o poeta a escrever "Briggflatts" 50 anos depois do primeiro encontro

---

[28] Cf. Anthony Suter, "Musical Structure in the Poetry of Basil Bunting", in *Agenda* (vol. 16, no. 1, Spring 1978), número especial dedicado ao poeta, p. 47. O artigo de Peter Ure a que Suter faz referência é "The Sound of Poetry: A Rejoinder to Basil Bunting", in *'Diary' of the North-Eastern Association for the Arts*, May-August, 1966, p.3.

observou Charles Tomlinson no estudo não apenas de "Briggflatts", mas também de livros anteriores do mesmo poeta, as palavras não são notas musicais identificáveis em tons, rimas, sintaxes, motivos repetidos; a música da poesia mostra analogia, mas não identidade, com a experiência musical. Os sons que o poeta pretende imitar são extraverbais e, por isso, não se encontram confinados na acústica do poema.[29] Se Herbert Read observa que os sons das palavras têm significado ontológico (e existem para estabelecer o ser), não menos pertinente é a crítica de Peter Dale ao afirmar que "Briggflatts" é um fracasso como poema musical e não oferece sequer um bom exemplo, aos futuros poetas, sobre o qual erguer a hipótese de que um poema poderia de fato conduzir o seu significado a um nível inferior ao da sua musicalidade – ou mesmo eliminar o significado em detrimento da musicalidade.[30]

Não é precipitado, portanto, descartar as ideias sobre musicalidade propostas por Basil Bunting como excentricidades ou idiossincrasias que acabariam por atenuar a força de um poema como "Briggflatts", em que existem tantas e tão bem sobrepostas camadas de significados. Uma dessas camadas diz respeito à construção do poema – que, dos seus mais de 20 mil versos originalmente, foi reduzida pelo poeta aos já indicados 717 versos. Esse processo redutor não atendeu exclusivamente a critérios musicais, mas sim a uma síntese e a um ordenamento de natureza narrativa que também incidem sobre uma singular compres-

---

[29] Cf. Charles Tomlinson, "Experience into Music: the Poetry of Basil Bunting", in *Agenda* (vol 4, nº 5 & 6, Autumn 1966), p. 16.
[30] Peter Dale, "Basil Bunting and the Quonk and Groogle School of Poetry", in *Agenda* (vol. 16, nº 1, Spring 1978), p. 65. O artigo de Herbert Read, "Basil Bunting: Music or Meaning?", está citado na p. 31.

são ou condensação da linguagem, bastante típica, como já se comentou, da obra do poeta.

Por outro lado, tampouco parece pertinente imaginar que a formação Quaker de Basil Bunting seja central para a compreensão de um poema como "Briggflatts". É inegável que o poeta foi criado na atmosfera do movimento protestante: e a principal resultante de sua adesão aos princípios defendidos pela Sociedade de Amigos foi a de objetor consciencioso durante a Primeira Guerra Mundial. Por se recusar ao alistamento, foi encarcerado durante boa parte do ano de 1918. Sua experiência na prisão pode ter sido brutal e mesmo traumatizante – o relato era sempre comunicado por amigos, já que o poeta se recusava a falar no assunto. E é possível que Basil Bunting tenha aprofundado sua aversão ao que identificava como o autoritarismo do *establishment* inglês (representado pelo poder que emanava de Londres), segundo sua peculiar percepção de um conflito entre o sul e o norte do país. O fato é que "Briggflatts" não traz qualquer marca estritamente religiosa, muito menos de natureza Quaker. E o poeta se declarava avesso a qualquer tendência mística. Por fim, mesmo o professado pacifismo do poeta também terminaria – exatamente em 1940, quando se alistou na força aérea e foi servir como líder de esquadrão no Irã, país então ocupado pelos britânicos.

Igualmente isentas de qualquer conotação religiosa ou mística são as três aparições mais importantes no poema, todas de natureza autobiográfica: o touro, o pedreiro e a cobra-de-vidro.

O touro está presente no primeiro verso e na primeira seção de "Briggflatts": para Hugh Kenner, o verso *Brag, sweet tenor bull,* ("Gaba-te, doce touro tenor,") é "o mais forte verso de abertura" desde o primeiro verso d'*Os cantos* de Ezra Pound: *And then went down to the ship*.³¹ A complexa aliteração da primeira estrofe do poema reforça a imagem do touro a movimentar as suas patas com sua força e sua potência prestes a estourar. Esse movimento se alia ao mugido do touro, a fazer contraponto à agitação da água que desce o córrego, integrando a natureza e o animal. Numa entrevista à revista literária *Agenda*, Basil Bunting admite que o touro simboliza a primavera – justamente, a estação com que "Briggflatts" tem início.³² A imagem está relacionada à dança com que o touro corteja as fêmeas, exibindo sua virilidade. E todo o conjunto da primeira seção do poema, introduzido magnificamente pelo touro que muge e dança, é um louvor à força vital, à vida mesma que se abre diante do homem jovem que, no poema autobiográfico, agora recorda.

O pedreiro, em "Briggflatts", aparece repetidamente na primeira seção. No poema autobiográfico, o pedreiro é o pai de Peggy Greenbank – a moça com quem o jovem Basil Bunting se encontra amorosamente, e para quem o poema foi escrito cinquenta anos depois. Mas logo se percebe que o pedreiro também representa uma das *personae* do poeta: a do escritor obcecado e lento, que conhece a matéria sobre a qual escreve, que só imagina depois de haver passado por uma experiência. Inicialmente, o pedreiro é o operário a quem cabe escrever os nomes dos mortos nas lápi-

---

[31] Hugh Kenner, *A sinking island* – The Modern English Writers (New York: Alfred A. Knopf, 1988), p.259. Observe-se que o livro, um vigoroso e opinativo ensaio de revisão sobre o modernismo britânico, é dedicado justamente a Basil Bunting, *in memoriam*, com a citação dos versos que o poeta dedicara a Domenico Scarlatti: "sem jamais uma volta complicada ou cadência congestionada, / jamais uma vanglória ou um olha-só".

[32] "Basil Bunting Talks About 'Briggflatts'", ver p. 145.

des, sempre concentrado no seu trabalho. Mas logo o pedreiro se transforma numa imagem do escritor:

> O pedreiro se agita:
> Palavras!
> Penas são muito leves.
> Pega um cinzel e escreve

A imagem pedreiro ainda reaparecerá na seção II do poema, quando um *uneasy mason* ("pedreiro imperfeito") faz um trabalho apenas ornamental com o seu cinzel gasto e só produz "maus fragmentos". A última aparição do pedreiro ocorre na seção V, quando as ondas do mar modelam o litoral

> como um pedreiro
> afaga e modela sua pedra

O poeta estipula, assim, uma ética do trabalho, que custa esforço, atenção e domínio técnico. E também transmite – à semelhança do que fizera com o touro – uma imagem masculina de virilidade, luta e conquista.

Finalmente, chega-se à imagem da cobra-de-vidro (*slowworm*), o réptil sem membros que é também conhecido, em português, como licranço e fura-mato. Ela surge já na primeira estrofe do poema, mas de modo indireto: as flores alvas do espinheiro, caídas, ladrilham o caminho por onde passa. Na mesma seção I, contudo, a cobra-de-vidro aparece na estrofe em que o poeta relembra o seu encontro amoroso e erótico, num verso de força exclamativa: *Shining slowworm part of the marvel* ("Brilhante cobra-de-vidro parte da maravilha"). O animal que serpenteava pelo terreno agora se converte no membro viril do rapaz que merece o amor e os cuidados de uma moça: de modo sutil, Basil Bunting consegue unir os elementos da natureza numa intensa canção de primavera. A energia vital presente nas referências a tantos animais e à flora da região indica uma unidade que não deve ser perdida: tendo rejeitado o amor que lhe foi oferecido tão cedo, o poeta passa a escrever, então, um poema de reconquista. Nenhuma força poderá contrariar esse intento, pois, como se lê também na primeira seção de "Briggflatts", *Dung will not soil the slowworm's / mosaic* ("A bosta não estragará o mosaico / da cobra-de-vidro").

No poema, contudo, a cobra-de-vidro não se limita a simbolizar a primavera e o falo: está igualmente associada à fragilidade da vida e, pela mesma via, à morte. Pode ser mera coincidência que o nome científico desse réptil seja *anguis fragilis*, mas o poeta se mostra seguro ao saber aproveitar a diferença que existe entre a serpente e o lagarto (como se encontra na seção III). A cobra-de-vidro é também símbolo de uma existência humilde – ou, como declarou o próprio poeta numa entrevista, "um símbolo de quietude e paz".[33] Assim, o animal modifica-se intensamente ao longo do poema, ganhando variados significados conforme o contexto, surgindo em momentos decisivos.

---

[33] "A Conversation with Basil Bunting", entrevista concedida a Jonathan Williams e Tom Meyer. *Poetry information*, n.19, Autumn 1978, p. 39.

O poeta e crítico Thom Gunn, admirador do poeta inglês (e, especialmente, de "Briggflatts"), escreveu uma sugestiva análise da poesia de T.S. Eliot, Ezra Pound e Basil Bunting no ensaio "What the Slowworm Said". O título alude ironicamente à quinta seção de *The waste land* e projeta as diferenças e a difícil amizade entre os dois poetas. Mais ainda, o ensaio defende a relevância de "Briggflatts" como poema no qual, entre outras proezas, Basil Bunting consegue escrever sobre a reconciliação com as nossas origens, ainda que tocada pela transitoriedade.[34] Poema autobiográfico em que a busca dá sentido aos versos, "Briggflatts" atrai pelos estertores de uma ação que quer alcançar o seu objetivo final: ser um robusto poema de amor.

Brasília, janeiro de 2016

---

[34] Cf. Thom Gunn, "What the Slowworm Said", in *Shelf life* – Essays, Memoirs, and an Interview (Michigan: The University of Michigan, 1993), p.64.

BRIGGFLATTS
An Autobiography

BRIGGFLATTS
Uma Autobiografia

For Peggy

Para Peggy

Son los pasariellos del mal pelo exidos

The spuggies are fledged

Son los pasariellos del mal pelo exidos

Os pardaizinhos estão emplumados

I

Brag, sweet tenor bull,
descant on Rawthey's madrigal,
each pebble its part
for the fells' late spring.
Dance tiptoe, bull,
black against may.
Ridiculous and lovely
chase hurdling shadows
morning into noon.
May on the bull's hide
and through the dale
furrows fill with may,
paving the slowworm's way.

A mason times his mallet
to a lark's twitter,
listening while the marble rests,
lays his rule
at a letter's edge,
fingertips checking,
till the stone spells a name
naming none,
a man abolished.
Painful lark, labouring to rise!
The solemn mallet says:
In the grave's slot
he lies. We rot.

Basil Bunting

I

Gaba-te, doce touro tenor,
descanta o madrigal do Rawthey,
cada pedra seu tom
na primavera tardia dos cerros.
Dança na ponta dos cascos, touro,
preto contra as flores alvas.
Ridículo e adorável
caça sombras saltitantes
de manhã ao meio-dia.
Flores alvas no couro do touro
e por todo o vale
flores alvas ladrilham as valas,
por onde a cobra-de-vidro resvala.

Um pedreiro bate seu malho
justo ao piar da calandra,
escutando enquanto o mármore repousa,
impõe sua lei
no talho de uma letra,
os dedos checando,
até que a pedra soletra um nome
nomeando ninguém,
um homem abolido.
Dolorosa calandra, lutando para voar!
O malho solene diz:
Na tumba, defunto,
ele jaz. Nós juntos.

Decay thrusts the blade,
wheat stands in excrement
trembling. Rawthey trembles.
Tongue stumbles, ears err
for fear of spring.
Rub the stone with sand,
wet sandstone rending
roughness away. Fingers
ache on the rubbing stone.
The mason says: Rocks
happen by chance.
No one here bolts the door,
love is so sore.

Stone smooth as skin,
cold as the dead they load
on a low lorry by night.
The moon sits on the fell
but it will rain.
Under sacks on the stone
two children lie,
hear the horse stale,
the mason whistle,
harness mutter to shaft,
felloe to axle squeak,
rut thud the rim,
crushed grit.

Basil Bunting

A ferrugem fura a lâmina,
o trigo entranha no excremento
tremendo. O Rawthey treme.
A língua tropeça, orelhas erram
temendo a primavera.
Raspa a pedra com areia,
arenito molhado limando
toda a aspereza. Os dedos
doem na pedra raspada.
O pedreiro diz: Rochas
por acaso surgem.
Ninguém aqui tranca a porta,
o amor rasga e corta.

Pedra branda como a pele,
fria como os mortos que vão
numa carroça noturna.
A lua pousa no cerro
mas logo choverá.
Sob sacas na pedra
duas crianças deitam,
ouvem o cavalo mijar,
o pedreiro silvar,
arreio chiar na trave,
aro no eixo ranger,
roda sulcar o chão,
esmagado grão.

Stocking to stocking, jersey to jersey,
head to a hard arm,
they kiss under the rain,
bruised by their marble bed.
In Garsdale, dawn;
at Hawes, tea from the can.
Rain stops, sacks
steam in the sun, they sit up.
Copper-wire moustache,
sea-reflecting eyes
and Baltic plainsong speech
declare: By such rocks
men killed Bloodaxe.

Fierce blood throbs in his tongue,
lean words.
Skulls cropped for steel caps
huddle round Stainmore.
Their becks ring on limestone,
whisper to peat.
The clogged cart pushes the horse downhill.
In such soft air
they trudge and sing,
laying the tune frankly on the air.
All sounds fall still,
fellside bleat,
hide-and-seek peewit.

Basil Bunting

Meia com meia, jérsei com jérsei,
cabeça sobre um braço duro,
eles se beijam sob a chuva,
marcados pela cama de mármore.
Em Garsdale, alvorada;
em Hawes, chá da lata.
A chuva para, as sacas
fumegam ao sol, eles sentam.
Bigode de fio de cobre,
olhos de mar refletido
e cantochão suave do Báltico
declaram: Perto dessas rochas
homens mataram Bloodaxe.

Sangue feroz pulsa em sua língua,
magras palavras.
Crânios ceifados para capacetes de aço
amontoam-se em Stainmore.
Seus riachos bordejam a rocha,
assobiam rente ao musgo.
A carroça atolada empurra o cavalo para baixo.
Nesse ar suave
caminham e cantam,
lançando a canção livremente no ar.
Todos os sons se calam,
balido na encosta,
se esconde a tarambola.

Her pulse their pace,
palm countering palm,
till a trench is filled,
stone white as cheese
jeers at the dale.
Knotty wood, hard to rive,
smoulders to ash;
smell of October apples.
The road again,
at a trot.
Wetter, warmed, they watch
the mason meditate
on name and date.

Rain rinses the road,
the bull streams and laments.
Sour rye porridge from the hob
with cream and black tea,
meat, crust and crumb.
Her parents in bed
the children dry their clothes.
He has untied the tape
of her striped flannel drawers
before the range. Naked
on the pricked rag mat
his fingers comb
thatch of his manhood's home.

Basil Bunting

O pulso dela seus passos,
palma contra palma,
até encher um fosso,
a pedra branca como queijo
zomba no vale.
Madeira nodosa, dura de rachar,
arde até cinzas virar;
odor das maçãs de outubro.
A estrada de novo,
num trote.
Mais úmidos, mais mornos, veem
o pedreiro a meditar
e a nomear e datar.

A chuva enxágua a estrada,
o touro escorre e lamenta.
Azedo e quente mingau de centeio
com creme e chá preto,
carne, crosta e casca.
Os pais dela na cama
as crianças secam as roupas.
Ele desatou o laço
das calças de lã listada dela
frente ao fogão. Nu
sobre o tapete de trapo
seus dedos somem
na palha de sua casa de homem.

Gentle generous voices weave
over bare night
words to confirm and delight
till bird dawn.
Rainwater from the butt
she fetches and flannel
to wash him inch by inch,
kissing the pebbles.
Shining slowworm part of the marvel.
The mason stirs:
Words!
Pens are too light.
Take a chisel to write.

Every birth a crime,
every sentence life.
Wiped of mould and mites
would the ball run true?
No hope of going back.
Hounds falter and stray,
shame deflects the pen.
Love murdered neither bleeds nor stifles
but jogs the draftsman's elbow.
What can he, changed, tell
her, changed, perhaps dead?
Delight dwindles. Blame
stays the same.

Basil Bunting

Vozes gentis generosas tecem
sobre a noite nua
palavras que confirmam e deleitam
até a alvorada da ave.
Água de chuva do tonel
ela traz e espalha
para limpá-lo palmo a palmo
beijando os seixos.
Brilhante cobra-de-vidro parte da maravilha.
O pedreiro se agita:
Palavras!
Penas são muito leves.
Pega um cinzel e escreve.

Cada nascer um crime,
cada sentença a vida.
Limpa de mofo e traças
a bola rolaria direito?
Nenhuma esperança em voltar.
Cães vacilam e vagueiam,
a vergonha dobra a pena.
O amor morto não sangra nem sufoca
mas sacode o ombro do artesão.
O que ele pode, mudado, dizer
a ela, mudada, talvez morta?
O deleite definha. A culpa
ainda preocupa.

Brief words are hard to find,
shapes to carve and discard:
Bloodaxe, king of York,
king of Dublin, king of Orkney.
Take no notice of tears;
letter the stone to stand
over love laid aside lest
insufferable happiness impede
flight to Stainmore,
to trace
lark, mallet,
becks, flocks
and axe knocks.

Dung will not soil the slowworm's
mosaic. Breathless lark
drops to nest in sodden trash;
Rawthey truculent, dingy.
Drudge at the mallet, the may is down,
fog on fells. Guilty of spring
and spring's ending
amputated years ache after
the bull is beef, love a convenience.
It is easier to die than to remember.
Name and date
split in soft slate
a few months obliterate.

Palavras breves são duras de achar,
formas gravadas a talhar e descartar;
Bloodaxe, rei de York,
rei de Dublin, rei de Orkney.
Não note as lágrimas;
inscreve a pedra erguida
sobre o amor deixado, a menos
que um êxtase insofrível impeça
fugir para Stainmore,
para seguir
calandra, malho,
riachos, manadas
e do machado pancadas.

A bosta não estragará o mosaico
da cobra-de-vidro. A calandra sufocada
cai no ninho cheio de lixo;
o Rawthey truculento, sujo.
Batida pelo malho, a flor alva caiu,
névoa nos cerros. Réu da primavera
e ao fim da primavera
os anos amputados doem pois
o touro vira bife, o amor uma conveniência.
É mais fácil morrer do que lembrar.
Nome e data martelados
na mole ardósia rachados
em poucos meses apagados.

II

Poet appointed dare not decline
to walk among the bogus, nothing to authenticate
the mission imposed, despised
by toadies, confidence men, kept boys,
shopped and jailed, cleaned out by whores,
touching acquaintance for food and tobacco.
Secret, solitary, a spy, he gauges
lines of a Flemish horse
hauling beer, the angle, obtuse,
a slut's blouse draws on her chest,
counts beat against beat, bus conductor
against engine against wheels against
the pedal, Tottenham Court Road, decodes
thunder, scans
porridge bubbling, pipes clanking, feels
Buddha's basalt cheek
but cannot name the ratio of its curves
to the half-pint
left breast of a girl who bared it in Kleinfeldt's.
He lies with one to long for another,
sick, self-maimed, self-hating,
obstinate, mating
beauty with squalor to beget lines still-born.

You can calculate the course
of a biased bowl,

II

Poeta assinalado não ousa rejeitar
caminhar entre os falsos, nada que autentique
a missão imposta, desdenhada
por bajuladores, golpistas, garotos de programa,
delatado e preso, roubado por putas,
pedindo aos colegas comida e tabaco.
Secreto, solitário, um espião, ele avalia
as linhas de um cavalo de Flandres
carregando cerveja, o ângulo, obtuso,
que a blusa de uma vadia grava em seu peito,
conta tempo contra tempo, condutor
contra motor contra rodas contra
o pedal, a rua Tottenham Court, decodifica
trovão, escande
mingau fervente, canos estridentes, sente
a bochecha do Buda de basalto
mas não sabe a proporção das suas curvas
ao meio-copo
do seio esquerdo de uma garota que o desnudou no
                                        [Kleinfeldt's.
Ele dorme com uma para pensar em outra,
doente, autoamputado, odiando-se,
obstinado, acasalando
beleza com imundície para gerar versos natimortos.

Você que calcula o rumo
torto no boliche,

shall I come near the jack?
What twist can counter the force
that holds back
woods I roll?

You can elucidate the disk
hubbed by the sun,
shall I see autumn out
or the fifty years at risk
be lost, doubt
end what's begun?

Under his right oxter the loom of his sweep
the pilot turns from the wake.
Thole-pins shred where the oar leans,
grommets renewed, tallowed;
halliards frapped to the shrouds.
Crew grunt and gasp. Nothing he sees
they see, but hate and serve. Unscarrred ocean,
day's swerve, swell's poise, pursuit,
he blends, balances, drawing leagues under the keel
to raise cold cliffs where tides
knot fringes of weed.
No tilled acre, gold scarce,
walrus tusk, whalebone, white bear's liver.
Scurvy gnaws, steading smell, hearth's crackle.
Crabs, shingle, seracs on the icefall.
Summer is bergs and fogs, lichen on rocks.

chegarei perto de ganhar?
Que força afinal detém
e não faz girar
meu lance de bolas?

Você que elucida o disco
iriado pelo sol,
verei o fim do outono
ou os cinquenta anos em risco
serão só abandono
do que mal começou?

Debaixo do seu sovaco direito o giro do seu golpe
o piloto muda a direção.
Toletes retalhados onde o remo descansa,
anéis renovados, encerados;
adriças amarradas às guaridas.
A tripulação grunhe e ofega. Nada do que vê
eles veem, mas odeiam e servem. Oceano liso,
viragem do dia, balanço da maré, trabalho,
ele mistura, equilibra, movendo léguas sob a quilha
para erguer frias escarpas onde ondas
fazem nós orlados de algas.
Nenhum acre lavrado, ouro escasso,
presa de morsa, barbatana, fígado de urso branco.
O escorbuto rói, cheiro de granja, crepita a fornalha.
Caranguejos, cascalho, calhaus na geleira.
O verão é icebergs e névoas, líquen nas rochas.

Who cares to remember a name cut in ice
or be remembered?

Wind writes in foam on the sea:

Who sang, sea takes,
brawn brine, bone grit.
Keener the kittiwake.
Fells forget him.
Fathoms dull the dale,
gulfweed voices...

About ship! Sweat in the south. Go bare
because the soil is adorned,
sunset the colour of a boiled louse.
Steep sluice or level,
parts of the sewer ferment faster.
Days jerk, dawdle, fidget
towards the cesspit.
Love is a vapour, we're soon through it.

Flying fish follow the boat,
delicate wings blue, grace
on flick of a tissue tail,
the water's surface between
appetite and attainment.
Flexible, unrepetitive line
to sing, not paint; sing, sing,
laying the tune on the air,

Basil Bunting

Quem poderia lembrar um nome no gelo
ou ser lembrado?

O vento escreve em espuma no mar:

Quem canta, o mar leva,
paio em conserva, osso em pó.
Gaivota queixosa.
Os cerros o esquecem.
Braças embaçam o vale,
vozes de sargaços...

Virar à frente! Suor ao sul. Viver nu
porque o solo se adorna,
por do sol da cor de uma cochonilha.
Eclusa aberta ou nivelada,
partes do esgoto fermentam mais rápido.
Os dias sacodem, se gastam, se agitam
rumo à cloaca.
Amor é um vapor, e logo esvoaça.

Peixes voadores seguem o barco,
delicadas asas azuis, graça
na chicotada de uma cauda de pano,
a superfície da água entre
apetite e obtenção.
Flexível, renovado verso
para cantar, não pintar; cantar, cantar,
estendendo a canção no ar,

nimble and easy as a lizard,
still and sudden as a gecko,
to humiliate love, remember
nothing.

It tastes good, garlic and salt in it,
with the half-sweet white wine of Orvieto
on scanty grass under great trees
where the ramparts cuddle Lucca.

It sounds right, spoken on the ridge
between marine olives and hillside
blue figs, under the breeze fresh
with pollen of Apennine sage.

It feels soft, weed thick in the cave
and the smooth wet riddance of Antonietta's
bathing suit, mouth ajar for
submarine Amalfitan kisses.

It looks well on the page, but never
well enough. Something is lost
when wind, sun, sea upbraid
justly an unconvinced deserter.

White marble stained like a urinal
cleft in Apuan Alps,
always trickling, apt to the saw. Ice and wedge

ágil e fácil como um lagarto,
imóvel e imprevisto como uma lagartixa,
para humilhar o amor, recorda
nada.

Está gostoso, tem alho e sal,
com o semidoce vinho branco de Orvieto
sobre grama rala sob árvores grandes
onde as muralhas afagam Lucca.

Está certo o som, falado no cimo
entre oliveiras marinhas e a encosta
de figueiras azuis, sob a fresca brisa
com pólen da sálvia apenina.

Está macia, a erva espessa na caverna
e o suave úmido desembaraço
do maiô de Antonietta, boca entreaberta para
beijos amalfitanos submarinos.

Está bem na página, mas nunca
bem o bastante. Algo se perdeu
quando vento, sol, mar censuram
devidamente um desertor inconvicto.

Mármore branco manchado como um urinol
rachado nos Alpes apuanos,
sempre pingando, pronto para o serrote. Gelo e cunha

split it or well-measured cordite shots,
while paraffin pistons rap, saw rip
and clamour is clad in stiffness:
clouds echo marble middens, sugar-white,
that cumber the road stones travel
to list the names of the dead.
There is a lot of Italy in churchyards,
sea on the left, the Garfagnana
over the wall, la Cisa flaking
to hillside fiddlers above Parma,
melancholy, swift,
with light bow blanching the dance.
Grease mingles with sweat
on the threshing floor. Frogs, grasshoppers
drape the rice in sound.
Tortoise deep in dust or
muzzled bear capering
punctuate a text whose initial,
lost in Lindisfarne plaited lines,
stands for discarded love.

Win from rock
    flame and ore.
Crucibles pour
    sanded ingots.

Heat and hammer
    draw out a bar.

o cortam ou bem-medidas porções de pólvora,
enquanto os pistons a querosene batem, serrotes rasgam
e o clamor é repleto de quietude:
as nuvens ecoam pilhas de mármore, branco açúcar,
que obstruem a estrada por onde passam pedras
para listar os nomes dos mortos.
Há muita Itália nos cemitérios,
o mar à esquerda, o Garfagnana
além do muro, a Cisa descascando-se
sobre os violinistas do monte acima de Parma,
que, melancólicos, ligeiros,
com ágil arco branqueiam a dança.
Gordura se mescla com suor
na terra batida. Sapos, gafanhotos
drapejam o arroz com seus ruídos.
Tartarugas enterradas no pó ou
ursos amordaçados em cambalhotas
pontuam um texto cuja letra inicial,
perdida nos versos trançados do Lindisfarne,
significa o amor descartado.

Arranca da rocha
minério e chama.
O crisol derrama
    lingotes lixados.

Calor e martelo
    desenham uma barra.

Wheel and water
    grind an edge.

No worn tool
    whittles stone;
but a reproached
    uneasy mason

shaping evasive
    ornament
litters his yard
    with flawed fragments.

Loaded with mail of linked lies,
what weapon can the king lift to fight
when chance-met enemies employ sly
sword and shoulder-piercing pike,
pressed into the mire,
trampled and hewn till a knife
in whose hand? — severs tight
neck cords? Axe rusts. Spine
picked bare by ravens, agile
maggots devour the slack side
and inert brain, never wise.
What witnesses he had life,
ravelled and worn past splice,
yarns falling to staple? Rime
on the bent, the beck ice,

Roda e água
    amolam uma lâmina.

Cinzel gasto
    não talha pedra;
mas um desonrado
    pedreiro imperfeito

moldando evasivo
    ornamento
enche seu pátio
    com maus fragmentos.

Carregado com a malha de tantas mentiras,
com que arma pode um rei mostrar sua ira
quando inimigos carnais utilizam furtiva
espada e uma lança que o ombro fustiga,
lançando-o assim à lama fria,
pisado e cortado até que afiadíssima
faca – na mão de quem? – corte as tendidas
cordas do pescoço? O machado enferruja. A espinha
bicada a nu pelos corvos, agílimas
larvas devoram a parte flácida
e a cabeça inerte, sempre iníqua.
O que testemunha que teve vida,
desmembrado e abatido além da medida,
os fios abrindo-se em fibras? Gélida
geada na escarpa, gelo na água limpa,

there will be nothing on Stainmore to hide
void, no sable to disguise
what he wore under the lies,
king of Orkney, king of Dublin, twice
king of York, where the tide
stopped till long flight
from who knows what smile,
scowl, disgust or delight
ended in bale on' the fellside.

Starfish, poinsettia on a half-tide crag,
a galliard by Byrd.
Anemones spite cullers of ornament
but design the pool
to their grouping. The hermit crab
is no grotesque in such company.

Asian vultures riding on a spiral
column of dust
or swift desert ass startled by the
camels' dogged saunter
figures sudden flight of the descant
on a madrigal by Monteverdi.

But who will entune a bogged orchard,
its blossom gone,
fruit unformed, where hunger and
damp hush the hive?

Basil Bunting

nada haverá em Stainmore que assinta
o vazio, nenhuma pele ou tinta
a disfarçar o que ele tinha e vestia,
rei de Orkney, rei de Dublin,
duas vezes rei de York, onde a arisca
maré parou até a fuga exaustiva
de quem sabe quem sorria,
carranca, desgosto ou delícia
terminou mal na subida da colina.

Astéria, poinsétia na rocha à maré morta,
uma galharda de Byrd.
Anêmonas afrontam predadores de ornamentos
mas desenham o remanso
quando se juntam. O caranguejo ermitão
não é grotesco perto delas.

Abutres da Ásia girando numa coluna
espiral de poeira
ou o asno ligeiro do deserto assustado pelo
andor tenaz dos camelos
figura a súbita fuga do contraponto
em um madrigal de Monteverdi.

Mas quem entoará um pomar empantanado,
finda a sua floração,
frutos atrofiados, onde a fome e
a névoa calam a colmeia?

A disappointed July full of codling
moth and ragged lettuces?

Yet roe are there, rise to the fence, insolent;
a scared vixen cringes
red against privet stems as a mazurka;
and rat, grey, rummaging
behind the compost heap has daring
to thread, lithe and alert, Schoenberg's maze.

Riding silk, adrift on noon,
a spider gleams like a berry
less black than cannibal slug
but no less pat under elders
where shadows themselves are a web.
So is summer held to its contract
and the year solvent; but men
driven by storm fret,
reminded of sweltering Crete
and Pasiphae's pungent sweat,
who heard the god-bull's feet
scattering sand,
breathed byre stink, yet stood
with expectant hand
to guide his seed to its soil;
nor did flesh flinch
distended by the brute
nor loaded spirit sink
till it had gloried in unlike creation.

Um frustrado julho cheio de insetos
na maçã e farrapos de alfaces?

Mas as corças estão ali, enfrentam a cerca, insolentes;
uma raposa assustada se encolhe
vermelha contra os caules de alfena como uma mazurca;
e um rato, cinzento, inspecionando
atrás do monte de esterco consegue
atravessar, ágil e alerta, o labirinto de Schoenberg.

Tecendo seda, à deriva ao meio-dia,
uma aranha reluz como amora
menos preta do que uma lesma
mas não menos apta sob sabugueiros
onde as próprias sombras são uma teia.
Assim o verão honra o seu contrato
e o ano é solvente; mas os homens
sob a agitação do temporal
lembrando a sufocante Creta
e o suor pungente de Pasiphaé,
que escutou os cascos do touro-deus
espalharem areia,
inalaram o fedor dos estábulos, mas firmes
com mão expectante
guiaram suas sementes ao solo;
nem mesmo a carne vacilou
distendida pelo bruto
nem o espírito carregado afundou
antes de haver glorificado a improvável criação.

III

Down into dust and reeds
at the patrolled bounds
where captives thicken to gaze
slither companions, wary, armed,
whose torches straggle
seeking charred hearths
to define a road.
Day, dim, laps at the shore
in petulant ripples
soon smoothed in night
on pebbles worn by tabulation till
only the shell of figures is left
as fragile honeycomb breeze.
Tides of day strew the shingle
tides of night sweep, snoring;
and some turned back, taught
by dreams the year would capsize
where the bank quivers, paved
with gulls stunned on a cliff
not hard to climb, muffled
in flutter, scored by beaks,
pestered by scavengers
whose palms scoop droppings to mould
cakes for hungry towns. One
plucked fruit warm from the arse
of his companion, who

III

Descendo ao pó e aos juncos
nas fronteiras patrulhadas
onde cativos se juntam para fitar
companheiros que deslizam, cautelosos, armados,
cujas tochas vagueiam
buscando lares queimados
para traçar um caminho.
Dia, breu, marulhos no litoral
em ondas petulantes
logo alisadas à noite
sobre seixos gastos pela tabulação até
que sobram apenas cascas das figuras
como frágil brisa do favo.
Marés do dia espargem nas pedras
o que as marés da noite varrem, roncando;
e algumas voltam, ensinadas
por sonhos que o ano naufragaria
onde a margem treme, recoberta
por gaivotas imóveis num penhasco
não difícil de subir, abafadas
em palpitação, talhadas por bicos,
atazanadas por carniceiros
cujas palmas despejam dejetos para moldar
bolos aos vilarejos famintos. Um
arrancou o fruto morno do ânus
de seu companheiro, que

making to beat him, he screamed:
Hastor! Hastor! but Hastor
raised dung thickened lashes to stare
disdaining those who cry:
Sweet shit! Buy!
for he swears in the market:
By God with whom I lunched!
there is no trash in the wheat
my loaf is kneaded from.
Nor will unprofitable motion
stir the stink that settles round him.
Leave given
we would have slaughtered the turd-bakers
but neither whip nor knife
can welt their hide.
Guides at the top claim fees
though the way is random
past hovels bags lean from
rolling lizard eyes
at boys gnawed by the wolf,
past bevelled downs, grey marshes
where some souse in brine
long rotted corpses, others,
needier, sneak through saltings
to snatch toe, forearm, ear,
and on gladly to hills
briar and bramble vest
where beggars advertise

preparando-se para surrá-lo, o fez gritar:
Hastor! Hastor! mas Hastor
chicoteou com espessa bosta e encarou
desdenhoso aqueles que choravam:
Boa merda! Comprem!
pois ele pragueja no mercado:
Por Deus com quem almocei!
não há lixo no trigo
do qual fizeram meu pão.
Nem o movimento improdutivo
atiçará o fedor assentado em volta dele.
Fosse permitido
teríamos exterminado os fazedores de fezes
mas nem chicote nem faca
poderiam perfurar seu couro.
Guias lá no alto pedem grana
embora o caminho seja fortuito
além das choupanas das velhotas recurvadas
girando olhos de lagarto
aos garotos mordidos pelo lobo,
além das pastagens chanfradas, pântanos cinzentos
onde alguns encharcam em salmoura
cadáveres há muito podres, outros,
mais necessitados, movem-se pelas salgas
para arrancar dedo, antebraço, orelha
e felizes subirem às colinas
em vestes de espinheiros e silveiras
onde mendigos anunciam

rash, chancre, fistula,
to hug glib shoulders, mingle herpetic
limbs with stumps and cosset the mad.
Some the Laughing Stone disables
whom giggle and snicker waste
till fun suffocates them. Beyond
we heard the teeming falls of the dead,
saw kelts fall back long-jawed, without flesh,
cruel by appetite beyond its term,
straining to bright gravel spawning pools.
Eddies batter them, borne down to the sea,
archipelago of galaxies,
zero suspending the world.
Banners purple and green flash from its walls,
pennants of red, orange blotched pale on blue,
glimmer of ancient arms
to pen and protect mankind.
But we desired Macedonia,
the rocky meadows, horses, barley pancakes,
incest and familiar games,
to end in our place by our own wars,
and deemed the peak unscaleable; but he
reached to a crack in the rock
with some scorn, resolute though in doubt,
traversed limestone to gabbro,
file sharp, skinning his fingers,
and granite numb with ice, in air
too thin to bear up a gnat,

urticária, cancro, fístula,
a abraçar ombros lisos, misturar membros
herpéticos com mancos e mimar os loucos.
A Pedra Ridente incapacita
quem desperdiça risos e mofas
até que a alegria os sufoca. Além
escutamos as volumosas cachoeiras dos mortos,
vimos salmões retornarem arfantes, descarnados,
cruéis pelo apetite além da conta,
lutando até às brilhantes poças de desova.
Os redemoinhos os vencem, empurrados ao mar,
arquipélago de galáxias,
zero suspendendo o mundo.
Faixas púrpuras e verdes lampejam dos muros,
flâmulas rubras, laranja manchada pálida sobre azul,
reflexos de antigas armas
que zelam e protegem a humanidade.
Mas desejávamos a Macedônia,
os prados rochosos, cavalos, panquecas de cevada,
incesto e jogos familiares,
para acabar em nosso lugar por nossas próprias guerras,
e julgávamos o pico inexpugnável; mas ele
chegou a uma racha na rocha
com algum escárnio, resoluto embora duvisoso,
atravessou do calcário ao gabro,
lima afiada, descascando seus dedos,
e granito dormente com gelo, no ar
rarefeito até para um mosquito,

scrutinising holds while day lasted,
groping for holds in the dark
till the morning star reflected
in the glazed crag
and other light not of the sun
dawning from above
lit feathers sweeping snow
and the limbs of Israfel,
trumpet in hand, intent on the east,
cheeks swollen to blow,
whose sigh is cirrus: Yet delay!
When will the signal come
to summon man to his clay?

Heart slow, nerves numb and memory, he lay
on glistening moss by a spring;
as a woodman dazed by an adder's sting
barely within recall
tests the rebate tossed to him, so he
ascertained moss and bracken,
a cold squirm snaking his flank
and breath leaked to his ear:
I am neither snake nor lizard,
I am the slowworm.

Ripe wheat is my lodging. I polish
my side on pillars of its transept,
gleam in its occasional light.

examinando possessões ao longo do dia,
tateando possessões no escuro
até que a estrela matinal refletiu
no penhasco lustroso
e outra luz não a do sol
raiando de cima
iluminou a plumagem varrendo neve
e os membros de Israfel,
trombeta na mão, voltado a leste,
bochechas cheias para soprar,
cujo suspiro é um cirro: Mas adia!
Quando virá o sinal
que o homem ao seu barro convocaria?

Coração lento, nervos e memória inertes, ele arria
em torno a uma fonte no musgo reluzente;
como um lenhador tonto pela picada de uma serpente
que quase não lembra
testa o cansaço que lhe lançaram, assim ele
averiguou musgo e samambaia,
uma fria torção serpenteando seu flanco
e a respiração vazando ao seu ouvido:
eu não sou nem serpe nem lagarto,
eu sou a cobra-de-vidro.

O trigo maduro é minha morada. Eu lustro
meu flanco nos pilares do seu transepto,
faísco em sua luz ocasional.

Its swaying
copies my gait.

Vaults stored with slugs to relish,
my quilt a litter of husks, I prosper
lying low, little concerned.
My eyes sharpen
when I blink.

Good luck to reaper and miller!
Grubs adhere even to stubble.
Come plowtime
the ditch is near.

Sycamore seed twirling,
O, writhe to its measure!
Dust swirling trims pleasure.
Thorns prance in a gale.
In air snow flickers,
twigs tap,
elms drip.

Swaggering, shimmering fall,
drench and towel us all!

So he rose and led home silently through clean woodland
where every bough repeated the slowworm's song.

Seu ondular
copia meu andar.

Armazéns com estoque de licores para saborear,
minha coberta um monte de aparas, eu vicejo
deitando embaixo, sem preocupação.
Meus olhos se afiam
quando eu pisco.

Boa sorte ao ceifeiro e ao moleiro!
Larvas aderem até à barba.
Venha o plantio
a vala está perto.

A semente do plátano girando,
Oh, retorça-se ao seu ritmo!
O pó em espiral adorna o prazer.
Espinhos empinam-se ao vendaval.
No ar a neve brilha,
galhos batem,
olmos pingam.

Queda ameaçante, tremulante,
a todos encharcando e enxugando!

Então ele levantou e levou para casa silenciosamente através do
                                                      [bosque limpo
em que cada ramo repetia a canção da cobra-de-vidro.

IV

Grass caught in willow tells the flood's height that has subsided;
overfalls sketch a ledge to be bared tomorrow.
No angler homes with empty creel though mist dims day.
I hear Aneurin number the dead, his nipped voice.
Slight moon limps after the sun. A closing door
stirs smoke's flow above the grate. Jangle
to skald, battle, journey; to priest Latin is bland.
Rats have left no potatoes fit to roast, the gamey tang
recalls ibex guts steaming under a cold ridge,
tomcat stink of a leopard dying while I stood
easing the bolt to dwell on a round's shining rim.
I hear Aneurin number the dead and rejoice,
being adult male of a merciless species.
Today's posts are piles to drive into the quaggy past
on which impermanent palaces balance.
I see Aneurin's pectoral muscle swell under his shirt,
pacing between the game Ida left to rat and raven,
young men, tall yesterday, with cabled thighs.
Red deer move less warily since their bows dropped.
Girls in Teesdale and Wensleydale wake discontent.
Clear Cymric voices carry well this autumn night,
Aneurin and Taliesin, cruel owls
for whom it is never altogether dark, crying
before the rules made poetry a pedant's game.

IV

A grama presa ao salgueiro mostra a altura das águas que agora
[desceram;
corredeiras esboçam um relevo a ser descoberto amanhã.
Nenhum pescador regressa com cesto vazio mas a névoa turva
[o dia.
Escuto Aneurino contar os mortos, sua voz mordida.
Leve lua a rastejar por trás do sol. Uma porta se fecha
e agita a fumaça que sai da grelha. Gritos
para o escaldo, a batalha, a viagem; ao padre o latim é suave.
Os ratos não deixaram batatas boas para assar, o fartum da caça
lembra os vapores das vísceras de um íbex sob uma escarpa fria,
odor macho de um leopardo morrendo enquanto eu de pé
abria o ferrolho para tomar posse de um aro redondo e brilhante.
Escuto Aneurino contar os mortos e alegrar-se,
macho adulto de uma espécie impiedosa.
Os postes de hoje são pilares enterrados num passado pantanoso
sobre o qual palácios transitórios se equilibram.
Vejo o músculo peitoral de Aneurino crescer sob a camisa,
andando entre a caça que Ida deixou ao ratos e ao corvo,
homens jovens, ontem altos, com coxas encordoadas.
Alces vermelhos movem-se menos alertas desde que seus arcos
[caíram.
As garotas em Teesdale e Wensleydale acordam descontentes.
Claras vozes galesas levam bem esta noite de outono,
Aneurino e Taliesino, corujas cruéis
para quem nunca é de todo escuro, gritando
antes das regras terem feito da poesia um jogo de pedantes.

Columba, Columbanus, as the soil shifts its vest,
Aidan and Cuthbert put on daylight,
wires of sharp western metal entangled in its soft
web, many shuttles as midges darting;
not for bodily welfare nor pauper theorems
but splendour to splendour, excepting nothing that is.
Let the fox have his fill, patient leech and weevil,
cattle refer the rising of Sirius to their hedge horizon,
runts murder the sacred calves of the sea by rule
heedless of herring gull, surf and the text carved by waves
on the skerry. Can you trace shuttles thrown
like drops from a fountain, spray, mist of spiderlines
bearing the rainbow, quoits round the draped moon;
shuttles like random dust desert whirlwinds hoy at their
                                          [tormenting sun?
Follow the clue patiently and you will understand nothing.
Lice in its seams despise the jacket shrunk to the world's core,
crawl with toil to glimpse
from its shoulder walls of flame which could they reach
they'd crackle like popcorn in a skillet.

As the player's breath warms the fipple the tone clears.
It is time to consider how Domenico Scarlatti
condensed so much music into so few bars
with never a crabbed turn or congested cadence,
never a boast or a see-here; and stars and lakes
echo him and the copse drums out his measure,

Basil Bunting

Columba, Columbanus, enquanto o solo troca de roupa,
Aidan e Cuthbert se vestem de luz do dia,
arames de afiado metal ocidental emaranhados em sua teia
macia, muitas lançadeiras como mosquitos dardejando;
não para o bem-estar físico ou para pobres teoremas
mas esplendor ao esplendor, nada excluindo.
Deixa a raposa ter comida, paciente sanguessuga e gorgulho,
o gado percebe o surgimento de Sirius em seu cercado horizonte,
bichos fracos assassinam focas sagradas do mar por norma
indiferentes à gaivota-prateada, espuma e o texto esculpido por
[ondas
no rochedo. Consegue seguir lançadeiras lançadas
como gotas de uma fonte, borrifos, névoa de fios de teias
sustentando o arco-íris, jogos de malha em volta da lua coberta;
lançadeiras como poeira fortuita do deserto redemoinha a barca
[ao sol tormentoso?
Siga a pista pacientemente e você nada entenderá.
Piolhos nas costuras desprezam a jaqueta encolhida até o
[âmago do mundo,
arrastam-se com esforço para espiar
do seu ombro muralhas de chama que se eles alcançassem
estalariam como pipoca numa frigideira.

Quando o sopro do músico aquece o bocal o tom aclara.
É tempo de considerar como Domenico Scarlatti
condensou tanta música em tão poucos compassos
sem jamais uma volta complicada ou cadência congestionada,
jamais uma vanglória ou um olha-só; e estrelas e lagos
o ecoam e o bosque tamborila seu ritmo,

snow peaks are lifted up in moonlight and twilight
and the sun rises on an acknowledged land.

My love is young but wise. Oak, applewood,
her fire is banked with ashes till day.
The fells reek of her hearth's scent,
her girdle is greased with lard;
hunger is stayed on her settle, lust in her bed.
Light as spider floss her hair on my cheek which a puff scatters,
light as a moth her fingers on my thigh.
We have eaten and loved and the sun is up,
we have only to sing before parting:
Goodbye, dear love.

Her scones are greased with fat of fried bacon,
her blanket comforts my belly like the south.
We have eaten and loved and the sun is up.
Goodbye.

Applewood, hard to rive,
its knots smoulder all day.
Cobweb hair on the morning,
a puff would blow it away.
Rime is crisp on the bent,
ruts stone-hard, frost spangles fleece.
What breeze will fill that sleeve limp on the line?
A boy's jet steams from the wall, time from the year,
care from deed and undoing.

picos nevados se elevam ao luar e ao crepúsculo
e o sol nasce numa terra reconhecida.

Meu amor é jovem mas sábio. Carvalho, macieira,
seu fogo é coberto de cinzas até amanhecer.
Os cerros fumegam o olor da lareira,
sua grelha está untada de gordura;
a fome permanece em seu assento, a luxúria em sua cama.
Leve como fio de teia seu cabelo na minha face com um sopro se
                                              [espalha,
leve como uma mariposa seus dedos na minha coxa.
Nós comemos e amamos e o sol vai alto,
nós temos apenas de cantar antes de partir:
Adeus, querido amor.

As tortas dela estão untadas com gordura de bacon frito,
seu lençol conforta minha barriga como o sul.
Nós comemos e amamos e o sol vai alto.
Adeus.

Macieira, dura de cortar,
seus nós queimam o dia todo.
Cabelo de teia de manhã,
um sopro espalharia tudo.
A geada quebradiça no pasto,
trilhas petrificadas, o gelo cintila na lã.
Que brisa preencherá aquela manga frouxa na corda?
O mijo de um rapaz evapora-se do muro, tempo do ano,
cautela pelos feitos e desfeitos.

Shamble, cold, content with beer and pickles,
towards a taciturn lodging amongst strangers.

Where rats go go I,
accustomed to penury,
filth, disgust and fury;
evasive to persist,
reject the bait
yet gnaw the best.
My bony feet
sully shelf and dresser,
keeping a beat in the dark,
rap on lath
till dogs bark
and sleep, shed,
slides from the bed.
O valiant when hunters
with stick and terrier bar escape
or wavy ferret leaps,
encroach and cede again,
rat, roommate, unreconciled.

Stars disperse. We too,
further from neighbours
now the year ages.

Bambo, frio, contente com cerveja e picles,
rumo a um taciturno alojamento entre estranhos.

Aonde os ratos vão vou eu,
acostumado à penúria,
sujeira, desgosto e fúria;
evasivo para persistir,
rejeito a isca
mas o melhor mordisco.
Meus pés ossudos
mancham prateleira e cômoda,
mantendo um ritmo na escuridão,
batem nas ripas
até que ladre o cão
e o sono, desfolhado,
da cama saia deslizado.
Oh valentes quando caçadores
com bastão e cães impedem a fuga
ou o sinuoso furão salta,
invade e cede de novo,
rato, colega de quarto, irreconciliado.

Estrelas se dispersam. Nós também,
longe dos vizinhos
agora que o ano envelhece.

V

Drip — icicle's gone.
Slur, ratio, tone,
chime dilute what's done
as a flute clarifies song,
trembling phrase fading to pause
then glow. Solstice past,
years end crescendo.

Winter wrings pigment
from petal and slough
but thin light lays
white next red on sea-crow wing,
gruff sole cormorant
whose grief turns carnival.
Even a bangle of birds
to bind sleeve to wrist
as west wind waves to east
a just perceptible greeting —
sinews ripple the weave,
threads flex, slew, hues meeting,
parting in whey-blue haze.

Mist sets lace of frost
on rock for the tide to mangle.
Day is wreathed in what summer lost.

V

Goteja — o gelo tomba.
Ligadura, proporção, tom,
badalos tudo decompondo
como a flauta aclara a canção,
frase trêmula sumindo até à pausa
e fulgura então. Passado o solistício,
os anos findam em crescendo.

O inverno extrai pigmento
da pétala e da pele morta
mas uma luz escassa assenta
branca quase rubra na asa do corvo do mar,
brusco cormorão solitário
cujo pesar se faz carnaval.
Mesmo uma pulseira de aves
que a manga ao punho ajusta e veste
como o vento oeste acena para leste
uma saudação imperceptível quase —
tendões ondulam o tecido,
fibras fletem, giram, tons se casam,
separando-se na névoa azul-esmaecida.

A névoa rendas de gelo teceu
na rocha para o mar destroçar.
Coroa-se o dia pelo que o verão perdeu.

Conger skimped at the ebb, lobster,
neither will I take, nor troll
roe of its like for salmon.
Let bass sleep, gentles
brisk, skim-grey,
group a nosegay
jostling on cast flesh,
frisk and compose decay
to side shot with flame,
unresting bluebottle wing. Sing,
strewing the notes on the air
as ripples skip in a shallow. Go
bare, the shore is adorned
with pungent weed loudly
filtering sand and sea.
Silver blades of surf
fall crisp on rustling grit,
shaping the shore as a mason
fondles and shapes his stone.

Shepherds follow the links,
sweet turf studded with thrift;
fell-born men of precise instep
leading demure dogs
from Tweed and Till and Teviotdale,
with hair combed back from the muzzle,
dogs from Redesdale and Coquetdale
taught by Wilson or Telfer.

O congro escasseia na maré baixa, a lagosta,
nada eu pegarei, nem isca
das suas ovas para o salmão.
Deixe o robalo dormir, larvas
se inquietem, cinzentas,
se juntem num ramo turbulentas
instando na carne descartada,
pulem e a tornem bolorenta
para bater-se contra a flamejante,
inquieta asa da varejeira. Zoeira,
dispersando as notas no ar
como ondas saltando no baixio. Vá
descoberto, a costa está adornada
com alga pungente ruidosamente
filtrando areia e mar.
Lâminas de prata da espuma
caem crespas sobre a areia murmurante,
modelando a costa como um pedreiro
afaga e modela a sua pedra.

Pastores seguem as colinas,
doce relva parcamente salpicada;
homens do vale de precisos peitos do pé
guiando cães recatados
de Tweed e Till e Teviotdale,
pelos escovados desde o focinho,
cães de Redesdale e Coquetdale
adestrados por Wilson ou Telfer.

Their teeth are white as birch,
slow under black fringe
of silent, accurate lips.
The ewes are heavy with lamb.
Snow lies bright on Hedgehope
and tacky mud about Till
where the fells have stepped aside
and the river praises itself,
silence by silence sits
and Then is diffused in Now.

Light lifts from the water.
Frost has put rowan down,
a russet blotch of bracken
tousled about the trunk.
Bleached sky. Cirrus
reflects sun that has left
nothing to badger eyes.

Young flutes, harps touched by a breeze,
drums and horns escort
Aldebaran, low in the clear east,
beckoning boats to the fishing.
Capella floats from the north
with shields hung on his gunwale.
That is no dinghy's lantern
occulted by the swell — Betelgeuse,
calling behind him to Rigel.

Basil Bunting

Seus dentes são brancos como bétula,
lentos sob a borda negra
de lábios silentes, precisos.
As ovelhas estão prenhes de cordeiros.
A neve repousa brilhante em Hedgehope
e a lama viscosa em Till
onde os cerros renunciaram
e o rio se louva a si mesmo,
o silêncio ao silêncio se une
e o Então se difunde no Agora.

A luz se ergue da água.
O gelo abateu a sorveira,
mancha parda de samambaia
emaranhada junto ao tronco.
Céu descorado. Cirrus
reflete o sol que nada
deixou aos olhos incomodados.

Jovens flautas, harpas tocadas pela brisa,
tambores e cornetas acompanham
Aldebaran, baixa no leste claro,
atraindo barcos para a pesca.
Capella flutua desde o norte
com escudos pendurados na sua amurada.
Essa não é a lanterna de balsa
ocultada pelas ondas — Betelgeuse,
chamando atrás de si Rigel.

Starlight is almost flesh.
Great strings next the post of the harp
clang, the horn has majesty,
flutes flicker in the draft and flare.
Orion strides over Farne.
Seals shuffle and bark,
terns shift on their ledges,
watching Capella steer for the zenith,
and Procyon starts his climb.

Furthest, fairest things, stars, free of our humbug,
each his own, the longer known the more alone,
wrapt in emphatic fire roaring out to a black flue.
Each spark trills on a tone beyond chronological compass,
yet in a sextant's bubble present and firm
places a surveyor's stone or steadies a tiller.
Then is Now. The star you steer by is gone,
its tremulous thread spun in the hurricane
spider floss on my cheek; light from the zenith
spun when the slowworm lay in her lap
fifty years ago.

The sheets are gathered and bound,
the volume indexed and shelved,
dust on its marbled leaves.
Lofty, an empty combe,
silent but for bees.
Finger tips touched and were still

Basil Bunting

A luz estelar é quase carne.
Grandes cordas juntas à coluna da harpa
ressoam, a trompa é majestosa,
flautas estalam no vento e se expandem.
Órion avança sobre Farne.
Focas se arrastam e ladram,
andorinhas se movem nas escarpas,
vendo Capella seguir para o zênite,
e Prócion iniciar sua ascensão.

Mais distantes, coisas mais claras, as estrelas, livres de nossa
                                [fraude,
cada uma por si, quanto mais conhecidas mais sozinhas,
cobrem-se em fogo enfático crepitando até um conduto negro.
Cada centelha trila num tom além do compasso cronológico,
embora na bolha de um sextante presente e firme
coloque uma pedra de topógrafo ou firme o timão.
O Então é o Agora. A estrela que o orienta sumiu,
seu fio trêmulo tecido no furacão
enteia na minha face; luz vinda do zênite
tecida quando a cobra-de-vidro deitou no colo dela
cinquenta anos atrás.

Os papéis estão reunidos e encadernados,
o volume indexado e arquivado,
pó nas suas folhas de mármore.
Amplo, um vale vazio,
silencioso a não ser pelas abelhas.
As pontas dos dedos tocaram e permaneceram

fifty years ago.
Sirius is too young to remember.

Sirius glows in the wind. Sparks on ripples
mark his line, lures for spent fish.

Fifty years a letter unanswered;
a visit postponed for fifty years.

She has been with me fifty years.

Starlight quivers. I had day enough.
For love uninterrupted night.

cinquenta anos atrás.
Sirius é muito jovem para lembrar.

Sirius brilha no vento. Centelhas nas ondas
marcam sua rota, atraem peixes exaustos.

Cinquenta anos uma carta não respondida;
uma visita adiada por cinquenta anos.

Ela tem estado comigo cinquenta anos.

A luz estelar tremula. Meu dia foi suficiente.
Para o amor ininterrupta noite.

CODA

A strong song tows
us, long earsick.
Blind, we follow
a rain slant, spray flick
to fields we do not know.

Night, float us.
Offshore wind, shout,
ask the sea
what's lost, what's left,
what horn sunk,
what crown adrift.

Where we are who knows
of kings who sup
while day fails? Who,
swinging his axe
to fell kings, guesses
where we go?

1965

CODA

Um canto um tanto intenso
nos puxa, há muito ouvido.
Cegos, nós seguimos
chuva oblíqua, fugaz borrifo
rumo a campos desconhecidos.

Noite, flutue-nos.
Vento terral, grite,
pergunte ao mar
o que acabou, o que sobrou,
que chifre afundou
que coroa à deriva.

Onde estamos quem sabe
dos reis que bebem
enquanto o dia fracassa? Quem,
brandindo o machado
contra os reis, supõe
aonde nós vamos?

1965

"UM CANTO UM TANTO INTENSO": COMENTÁRIOS À TRADUÇÃO DE "BRIGGFLATTS"

Felipe Fortuna

SE TRADUZIR POESIA PODE SER FRUSTRANTE, ABSURDO, INTOLErável, impossível, extravagante – como considerar a tradução dos versos de Basil Bunting, para quem um poema se distingue essencialmente pelo som e pela musicalidade, acima de qualquer outra expressão? Para ele – ardente defensor da melopeia, aprendida do contato com Ezra Pound –, "A poesia, como a música, é para ser ouvida. Lida com o som – sons longos e sons curtos, compassos pesados e compassos leves, as relações de tom das vogais, as relações das consoantes entre si que são como a cor instrumental na música. A poesia fica morta na página, até que alguma voz a traga para a vida, como a música, na partitura, não é mais do que instruções para quem toca."[35] Não importa aqui discutir as limitações teóricas e técnicas existentes na abrupta aproximação que o poeta faz entre poesia e música – algumas das quais apontadas no prefácio a este livro. Importa, sim, salientar que o tradutor da poesia de Basil Bunting (e, em especial, o de "Briggflatts") deverá considerar atentamente as intenções do poeta nos versos origi-

---

[35] Cf. "O Ponto de Vista do Poeta", p. 133, texto de Basil Bunting de 1966, ano da publicação de "Briggflatts".

nais – e buscar reproduzir ou compensar aqueles mesmos versos em outro idioma.

Além da questão da música, específica em Basil Bunting, há de se recordar ao menos um problema geral de quem traduz do inglês para o português: a alta incidência de monossílabos e de dissílabos, que podem provocar transtornos quando se trata de métrica, mas também quando cabe transportar a concisão e a musicalidade originais para outro idioma. Os exemplos bem conhecidos são *heart* (que gera as três sílabas de "coração"), *sin* ("pecado", "pecar"), *gloom* ("melancolia", "tristeza", "escurecer", "obscurecer", conforme seja o caso), entre muitíssimos outros: cada uma dessas palavras irradia inequívoca força poética, ainda quando utilizadas como lugares-comuns. E é com tristeza que os tradutores muitas vezes buscam opções em "alma", em vez de "coração"; "culpa", em vez de "pecado"; "treva", "bruma", em vez de "escuridão", para que se acertem rimas, metrificação e tantos outros obstáculos.

No caso de "Briggflatts", é preciso ter atenção com algumas palavras que foram trazidas por Basil Bunting para reforçar o seu apego às tradições nortistas do seu país. Ele mesmo, o poeta, faz referência a uma "viagem da língua da Nortúmbria", ou seja, à valorização do vocabulário e do sotaque da região de Northumberland – onde nasceu e onde está localizada a casa que leva o nome de Brigflatts (no caso, com um só *g*). Por isso, as notas elucidativas que deixou sobre palavras regionais que poderiam não constar de um bom dicionário da língua inglesa (reproduzidas nas páginas 123 a 125).

Antes mesmo da abertura do poema, surge numa citação o plural da palavra *spuggy*: *spuggies* ("pardais"). A palavra tem natureza dialetal – impossível de ser traduzida para o português com o mesmo valor, razão pela qual se optou por manter "pardal". Por sua vez, o poeta anota que "o salmão macho após a desova é chamado de *kelt*". Revistas inglesas especializadas em pesca trazem comentários sobre essa e outras variações de salmão (por exemplo, *cock* e *hen*), que não encontram uso corrente em língua portuguesa: assim, optou-se pela forma tradicional "salmão".

Uma palavra-chave no poema é *slowworm* – que decidi traduzir como "cobra-de-vidro". Em português, seria igualmente possível optar por "licranço", "alicranço", "alicanço", "luzidio" e "fura-mato" (embora alguns dicionários só aceitem "fura-mato" como pássaro). Em "Briggflatts", constam da seção III os versos: *I am neither snake nor lizard, / I am the slowworm.* ("eu não sou nem serpe nem lagarto, / eu sou a cobra-de-vidro."). Preferi traduzir *snake* ("cobra") por "serpe", assim evitando qualquer ambiguidade entre cobra-de-vidro e cobra; e *lizard* permaneceu "lagarto". Em latim, a espécie da cobra-de-vidro é *anguis fragilis* – um lagarto destituído de membros, porém confundido com a cobra, que é um réptil carnívoro, por sua vez.

Outra palavra de grande importância no poema é *may*. Como anota Basil Bunting, trata-se de uma "flor, como a baga é o fruto, do espinheiro". Mesmo assim, em língua portuguesa, houve quem confundisse a palavra com o mês "maio". Somente na primeira estrofe de "Briggflatts", *may* aparece três vezes nos seguintes versos: *"black against may."*, *"May on the bull's hide"*, *"furrows fill with may,"*. E aparece uma última vez na estrofe final da primeira seção do poema: *"Drudge at the mallet, the may is down,"*. Jacques Darras, que trouxe o poema para o francês, traduz *may* de três modos diferentes: como *épine* ("espinho"), *blancheur* ("brancura") e também como *mai*, o mês de maio, embora em um verso que recupera a ideia de brancura: *ornières blanches de mai* ("sulcos brancos de maio"). O tradutor francês apresenta uma solução atraente para a o verso *May on the bull's hide* ("Blancheur à fleur de cuir"): pois a expressão *à fleur de* alude ao fato de que *may* é uma flor, enquanto a expressão significa "quase ao nível de". Existe ainda uma semelhança entre *à fleur de cuir* com a expressão francesa *à fleur de peau* ("à flor da pele", "muito sensível"). O que parece indesejável, na tradução para o francês, é a perda da expressiva repetição da palavra *may*. O tradutor para o espanhol, Aurelio Major, traduz como *espino* ("espinho") a palavra *may* nas suas quatro ocorrências – o que ao menos mantém aquela repetição, que julgo importante.[36]

Ocorre que – e como observa o poeta inglês – *may* não é um espinho, mas sim uma flor. Flor do espinheiro – que decidi traduzir três vezes por "flores alvas" e uma vez por "a flor alva". Isso porque, para além da fidelidade ao desejo expresso do poeta, existe um contraste entre o couro negro do touro e a flor alva do espinheiro no verso *black against may*. O mesmo contraste é explorado no verso *May on the bull's hide*, que também alude à delicadeza da flor e à dureza do couro. E traduzi *furrows fill with may* por "flores alvas ladrilham as valas", criando uma possibilidade para a rima final da estrofe de treze versos. Optando por "flores alvas" e não por "flores brancas", foi possível manter aliterações importantes com as palavras "adorável", "vale", "valas", "resvala" – além de algumas palavras com o grupo *-al*, tais como "madrigal", "saltitan-

---

[36] Dirceu Villa traduziu as três estrofes finais de "Briggflatts" (a última, de modo incompleto), publicando-as em *Transformador – Poemas – 1998-2013* (São Paulo: Demônio Negro, 2014), p.298-299. A tradução de Jacques Darras está publicada em *Basil Bunting – Poèmes* (Amiens: Trois Cailloux, 1986), p.43 e p.49. A tradução de Aurelio Major se encontra em *Basil Bunting – Briggflatts y otros poemas* (Barcelona: Lumen, 2004), p.77 e p.87.

tes", e até, por uma inversão, "ladrilham". O resultado final, que valoriza a repetição – elemento essencial à melopeia do poema de Basil Bunting – é este:

Brag, sweet tenor bull,	Gaba-te, doce touro tenor,
descant on Rawthey's madrigal,	descanta o madrigal do Rawthey,
each pebble its part	cada pedra seu tom
for the fells' late spring.	na primavera tardia dos cerros.
Dance tiptoe, bull,	Dança na ponta dos cascos, touro,
black against may.	preto contra as flores alvas.
Ridiculous and lovely	Ridículo e adorável
chase hurdling shadows	caça sombras saltitantes
morning into noon.	de manhã ao meio-dia.
May on the bull's hide	Flores alvas no couro do touro
and through the dale	e por todo o vale
furrows fill with may,	flores alvas ladrilham as valas,
paving the slowworm's way.	por onde a cobra-de-vidro resvala.

Na última estrofe da seção I do poema, reaparece a palavra *may* – mas agora individualizada como *the may* – a flor alva:

Drudge at the mallet, the may is down,	Batida pelo malho, a flor alva caiu,

Meu cuidado ao repetir de modo pertinente a tradução da palavra *may* não conseguiu ser aplicado, entretanto, na repetição de outra palavra importante em "Briggflatts": *descant*. A primeira aparição de *descant* ocorre já no segundo verso na seção I do poema:

descant on Rawthey's madrigal,	descanta o madrigal do Rawthey,

Trata-se de um verbo usado no modo imperativo – um dos três verbos que abrem o poema, juntamente com "gaba-te" e "dança". Basil Bunting inicia seu poema com notável ênfase na música ao criar a bela imagem do touro que muge e, assim, acompanha em desafio o som das águas que batem nas pedras de um córrego – o Rawthey. No início de uma série bem urdida de contrastes que ainda aparecerão (preto contra branco, ridículo e adorável, forte contra delicado), o touro do poema descanta um madrigal. Ao mesmo tempo que apresenta um cenário fortemente vital, o poeta indica a preeminência da musicalidade na construção do seu poema, valendo-se de imagens opostas. *Descant* aparecerá de novo na seção II do poema, dessa vez como substantivo, porém, uma vez mais próxima à palavra madrigal:

| (...) *sudden flight of the descant on a madrigal by Monteverdi.* | (...) súbita fuga do contraponto em um madrigal de Monteverdi. |

Aqui, *descant* equivale a contraponto, ainda como forma de salientar contrastes, mas ganha também o sentido de sobreposição (de melodias), de simultaneidade e de temas entrelaçados – como bem demonstra a própria composição de "Briggflatts". Recorde-se, aqui, o verso *lost in Lindisfarne plaited lines,* ("perdida nos versos trançados do Lindisfarne,"), também da seção II, que faz referência às elaboradas iluminuras dos Evangelhos de Lindisfarne (do ano 715), cujas letras são produzidas com o entrelaçamento de motivos geométricos, desenhos de mamíferos e de pássaros, em estilo eclético.

Nos dois versos mencionados sobre o uso da palavra *descant*, merece algum comentário o uso do substantivo *flight*. Comumente traduzido por "voo", *flight* também tem o sentido de "fuga", de "retirada". Nesse ponto decidi manter a palavra "fuga" pela evidente conotação musical que ganha no verso – embora a possibilidade de um verso como "o súbito voo do contraponto" parecesse muito boa. Outra escolha difícil para um tradutor.

Em "Briggflatts", Basil Bunting utiliza amplamente as aliterações e rimas internas. Muitas vezes – e por voluntária comiseração –, o tradutor deve iludir-se ao elaborar um autoproclamado "sistema de compensações" – e, daí por diante, contar com a solidariedade do leitor. Foi o que tentei fazer numa estrofe da seção I particularmente repleta de *r* vibrantes, simples ou múltiplos, além do dígrafo *rr*:

> *Decay thrusts the blade,*
> *wheat stands in excrement*
> *trembling. Rawthey trembles.*
> *Tongue stumbles, ears err*
> *for fear of spring.*
> *Rub the stone with sand,*
> *wet sandstone rending*
> *roughness away. Fingers*
> *ache on the rubbing stone.*
> *The mason says: Rocks*
> *happen by chance.*
> *No one here bolts the door,*
> *love is so sore.*

O verbo *trembling*, no terceiro verso, rima à sua maneira com *spring*, no quarto verso; também com *rending*, no sexto verso; com *fingers*, no sétimo; e com *rubbing*, no oitavo. Essa cadeia de palavras terminadas em *-ing* (e, no caso de *fingers*, de um substantivo que contém *-ing*) transmite a continuidade das ações, assim como a sua simultaneidade. Em português, o uso do gerúndio pode resolver parte considerável dos problemas apresentados no poema original – mas apenas parte, pois há substantivos e ao menos um adjetivo, ainda que possa ter aspecto de verbo: *rubbing* (e, para acrescentar dificuldade ao tradutor, o verbo *rub* está presente no sexto verso do poema). Tendo sido impossível rimar *spring* em português, o "sistema de compensações" foi acionado, no mesmo verso *for fear of spring*, pelo verbo "temendo". Assim, restituiu-se uma cadeia sonora, com a vantagem adicional de que a palavra *excrement* pode juntar-se, em português, a essa mesma cadeia: "excremento" / "tremendo" / "temendo" / "limando", com a vantagem de se manter a ressonância que as palavras que contém ou terminam em *-ing* transmitem no texto original.

Todo tradutor logo se familiariza com o "sistema de compensações" – que surge a partir de uma busca apaixonada pelo melhor texto, no qual a fidelidade é fundamentada numa semelhança sem igual. Esse sistema também existe nos achados casuais, nas invenções linguísticas, nas aproximações sonoras – cabendo ao tradutor entender, de modo paradoxal, qual o limite que o texto *original* suporta. Pois a tradução poderá, em alguns casos, transmitir idissioncrasias e obsessões de quem traduz (e, não raro, os limites de conhecimento de toda ordem em relação ao texto a ser traduzido), passando a ser mais ou menos atraente conforme o interesse de quem lê. Em outras palavras, o "sistema de compensações", que não é novidade alguma aos tradutores, deve ser um prêmio a ser concedido ao leitor que vai buscar no texto traduzido aquilo a que ele, leitor, tem acesso limitado ou falta de acesso. Numa apresentação sobre a tradução de sonetos de William Shakespeare para o português, o tradutor e filólogo Antônio Houaiss tratou das "haloisotopias, quer dizer, isotopias 'outras', compensatórias das isotopias primeiras, pois que, de outro modo, traduzir seria operação impossível."[37] Ao longo de "Briggflatts", fui justamente testando, errando, corrigindo, escolhendo, substituindo, decidindo as palavras com atenção – no caso – à imperiosa musicalidade dos versos e à concisão que são, para Basil Bunting, a razão mesma de um poema existir.

Um exemplo final das estratégias compensatórias que um tradutor pode transformar em sistema ocorre na "Coda" de "Briggflatts", ou seja, logo depois de encerrado o longo poema na seção V. Trata-se de um poema de 17 versos curtos divididos em três estrofes (5-6-6). Comento a primeira dessas estrofes:

> *A strong song tows*
> *us, long earsick.*
> *Blind, we follow*
> *a rain slant, spray flick*
> *to fields we do not know.*

As rimas estão distribuídas a partir do esquema A-B-A-B-A, o que confere, especialmente em versos tão curtos, um ritmo de marcante alternância e agilidade. Mas toda a estrofe é uma preciosa construção de rimas, externas e internas: por exemplo,

---

[37] Antônio Houaiss, "Shakespeare – Uma Tradução Isotópica", in William Shakespeare, *24 sonetos* (Rio de Janeiro: Nova Fronteira, 1975, 2ª edição), a propósito da tradução de Ivo Barroso, p.56.

strong / song / long; rain / slant; earsick / flick / fields (essa última, toante). Elaborada com 21 palavras, no total 11 dessas palavras mantêm direta relação sonora, e mais três delas (*us / we / we*) estão ligadas gramaticalmente, sendo que duas rimam, além dos dois pronomes indefinidos (*a / a*)... Em síntese, toda a estrofe é um só objeto sonoro, de máxima dificuldade para o seu tradutor de qualquer língua.

Evitando-se traduzir *song* pela palavra "canção" – o que obrigaria a buscar ao menos mais duas palavras terminadas em *-ão*, o que me pareceu fácil, mas de efeito desagradável em português –, encontrei "canto". Essa palavra me permitiu utilizar "tanto" (como equivalente de *strong*) juntamente com "intenso", que incrementa a ideia de *strong* e a seu modo repercute e compensa a rima perdida de *long*. Assim, chega-se a:

A strong song tows	Um canto um tanto intenso
us, long earsick.	nos puxa, há muito ouvido.

Observe-se que "muito" possui uma conhecida e singular nasalidade que permite aproximar a palavra daquelas outras duas terminadas em *-nto*. Somente esse fenômeno é capaz de eliminar quaisquer outras tentativas de reproduzir equivocadamente as rimas *strong / song / long* do poema original – por exemplo, no lugar de "nos puxa", utilizar "nos tenta"...

Na impossibilidade de obter, de modo natural, o esquema de rimas A-B-A-B-A da estrofe em inglês, optou-se por uma sucessão de rimas internas para valorizar a sua intensa musicalidade. Assim, há duas rimas similares: "ouvido" e "desconhecidos"; que se juntam a outras duas rimas toantes: "seguimos", "borrifo" e "oblíqua". "Canto", "tanto", "intenso" e "muito" formam outro grupo, semelhante ao anterior. "Cegos" e "seguimos", no mesmo verso, compõe expressiva aliteração – que compensa a ausência de alguma rima e que poderia, assim espero, agradar aos ouvidos de Basil Bunting e dos leitores. "Puxa", "chuva" e "rumo", com suas tônicas letras *u*, contribuem para a necessária musicalidade que se deve imprimir a essa estrofe. Hesitei em incluir "campos" no mesmo grupo de "canto", uma vez que se encontra no verso derradeiro – mas tampouco destoa de um conjunto que se quis harmonioso e fiel à intenção do poeta. Em português, no total, temos um altíssimo número de rimas, aliterações, identidades e semelhanças sonoras – algo em torno de 14 palavras entre 21 – e o número 21 repete o da quantidade das palavras em inglês, o que pode também ser compensador.

Muitos desses procedimentos ocorrem ao longo dos 717 versos de "Briggflatts" – e não é do interesse do tradutor indicar onde se encontram e comentar exaustivamente as opções. Traduzir poesia é um ato de amor que, como tal, não deve ser declarado a todo momento. Muitas vezes, o silêncio o conduz melhor.

TEXTOS DE BASIL BUNTING SOBRE "BRIGGFLATTS"

Para a edição dos seus *Collected poems* (1968), Basil Bunting redigiu notas sobre alguns dos poemas que escreveu, não sem antes advertir o leitor: "*Eu deixei essas notas como foram escritas, apenas com uma exceção. Notas são uma confissão de fracasso, não um paliativo, menos ainda uma censura ao leitor, mas podem aliviar algumas pequenas irritações.*"
Acrescentei, entre colchetes, as páginas em que se encontram as palavras mencionadas pelo poeta. [N. T.]

NOTAS

A VIAGEM DA LÍNGUA DA NORTÚMBRIA ÀS VEZES SOA ESTRANHA aos homens acostumados à *koiné* ou aos americanos que podem não saber o quanto a região de Northumberland difere do Sul saxão da Inglaterra. Sulistas maltratariam a música de muitos versos de "Briggflatts".

Uma autobiografia, mas não um registro do fato. O primeiro movimento é não mais uma crônica do que o terceiro. A verdade do poema é de um outro tipo.

Notas não são necessárias. Algumas poucas poderão poupar os leitores diligentes das dores da pesquisa.

Spuggies [p. 54]: pequenos pardais.

May [p. 56] a flor, como a baga é o fruto, do espinheiro.

Os habitantes da Nortúmbria deveriam conhecer Eric *Bloodaxe* [p. 60] mas raramente o conhecem, porque todas as histórias nas escolas são escritas por ou para sulistas. Monte a sua estória a partir da Crônica Anglo-Saxã, da Saga Orkneyinga, e da Heimskringla, como achar melhor.

Nós temos áreas de queimada [burns] no leste, riachos [*becks*, p. 60] no oeste, mas não córregos [brooks] ou regatos [creeks].

Oxter [p. 70]: axila.

Boiled louse [p. 72]: coccus cacti, a cochonilha, um parasita na opuntia.

Hillside fiddlers [p. 76]: Pianforini, por exemplo, ou Manini.

Lindisfarne [p. 76], a Ilha Sagrada, onde o traçado ornamental do Codex Lindisfarnensis foi elaborado.

Saltings [p. 86]: pastos pantanosos pelas enchentes do mar em primaveras extraordinárias.

Hastor [p. 86]: um herói cockney.*

The Laughing Stone [p. 88] fica no Tibete. Aqueles que a olham caem numa violenta gargalhada que continua até à morte. Os tibetamos são imunes, porque eles não têm humor. Assim conta a história persa.

O salmão macho após a desova é chamado de *kelt* [p. 88].

Gabbro [p. 88]: uma rocha vulcânica.

Aneurin [p. 94] celebrou na língua galesa os homens imolados em Catterick pelos filhos de *Ida* [p. 94], conquistadores de Northumberland.

Skerry [p. 96]: Oh, por favor, vocês sabem esta. [Traduzi *skerry* por rochedo].

Hoy [p. 96]: agitação, confusão.

Skillet [p. 96]: uma frigideira americana; e *girdle* [p. 98], uma forma inglesa.

Fipple [p. 96]: a palheta de madeira mole formando com parte do tubo de madeira dura a passagem de ar de um flautim.

Scone [p. 98]: rima com 'on', e não, por todos os deuses, 'own'.

---

* Usualmente, *cockney* faz referência a um londrino popular e, portanto, a um sulista. Como se indica na "Cronologia", Basil Bunting alude aqui, de modo altamente pejorativo, a Hugh Astor, filho do proprietário do jornal *The times*, que o teria traído profissionalmente. Ver a entrada do ano 1950, p. 160. [N. T.]

Gentles [p. 104]: larvas.

Wilson [p. 104] era menos conhecido do que *Telfer*, mas não menos hábil.

Marinheiros pronunciam *Betelgeuse* [p. 106] 'Beetle juice' e eu também. Sua companheira é 'Ridgel' [p. 106], não 'Rhy-gel'.

Sirius [p. 110] é muito jovem para lembrar porque a luz que chamamos pelo seu nome deixou sua estrela há oito anos; mas a luz de *Capella* [p. 106], agora no zênite, saiu há 45 anos – quase há cinquenta, o que não faz diferença para um poeta.

O PONTO DE VISTA DO POETA (1966)

A POESIA, COMO A MÚSICA, É PARA SER OUVIDA. LIDA COM O SOM – sons longos e sons curtos, compassos pesados e compassos leves, as relações de tom das vogais, as relações das consoantes entre si que são como a cor instrumental na música. A poesia fica morta na página, até que alguma voz a traga para a vida, como a música, na partitura, não é mais do que instruções para quem toca. Um músico habilidoso pode imaginar o som, mais ou menos, e um leitor habilidoso pode tentar ouvir, mentalmente, o que os olhos veem no impresso: mas nada satisfará nenhum deles até que seus ouvidos ouçam como som real no ar. A poesia deve ser lida em voz alta.

Ler em silêncio é a origem de metade das más concepções que levaram o público a descrer na poesia. Sem o som, o leitor olha os versos como olha a prosa, procurando sentido. Prosa existe para transmitir sentido, e nenhum sentido tal como a prosa transmite pode ser expresso tão bem na poesia. Esse não é o negócio da poesia.

A poesia não busca fazer sentido, mas beleza; ou se você insiste em usar mal as palavras, seu "sentido" é de outro tipo, e reside na relação entre os versos e padrões de som, talvez harmoniosos, talvez contrastantes e chocantes, que o ouvinte sente mais do que entende, versos de som traçados no ar que provocam profundas emoções que não têm nem mesmo um nome em prosa. Isso não precisa de explicação para uma audiência que recebe a poesia de ouvido. Não há nem tempo nem inclinação para buscar um sentido de prosa na poesia.

Bem poucos artistas têm mentes claras, analíticas. Eles fazem o que fazem porque precisam. Alguns pensam nisso depois de um modo embotado e tentam racionalizar inabilmente sobre sua arte. Assim são produzidas teorias que desvirtuam críticos e aprendizes, e às vezes desfiguram a obra de artistas que tentam desenvolver suas próprias teorias.

Não há necessidade de qualquer teoria para o que dá prazer através do ouvido, música ou poesia. Os teóricos virão após o artista e fracassarão em explicá-lo. O som, seja em palavras ou notas, é tudo o que importa. É perfeitamente possível deleitar uma audiência ao ler poesia de suficiente qualidade numa linguagem que não se conheça. Tenho visto alguma poesia de Goethe e alguma de Hafiz produzirem praticamente o mesmo efeito que teriam produzido em uma audiência familiar com o alemão e o persa.

Os compositores não são sempre os melhores intérpretes de suas próprias composições, nem os poetas os melhores leitores dos seus próprios versos, embora o compositor e o poeta possam sempre apresentar algo que de outro modo seria perdido. A alguns falta uma voz, ou falta aprender a controlá-la. Alguns estão de tal modo imersos nas mecânicas da sua arte que, por exemplo, fazem uma pausa exagerada ao final do verso e perdem o balanço do metro. Alguns têm maneirismos, tais como a constante repetição de uma cadência particular, produzindo um efeito como o barulho detestável que os clérigos fazem na igreja. Esses defeitos sem dúvida aborrecem algumas pessoas nas leituras de poesia.

Atores, por outro lado, têm os defeitos de sua profissão. Eles não suportam deixar suas belas vozes na escuridão, eles precisam usar toda a sua extensão em poemas que necessitam apenas de uma curta escala. Eles são treinados para o palco, para extraírem o máximo de cada contraste, e são aptos para fazer a poesia soar teatral. Porém, tanto os atores quanto os poetas, se apenas falassem os versos, já lhe comunicariam mais de um poema do que você apreenderia ao lê-lo em silêncio.

Não deixe que as pessoas que aplicam exames o enganem ao lhe fazerem crer que está mais próxima de entender um poema quando você tiver escrutinado e analisado cada sentença, examinado cada verso, consultado as palavras no Oxford Dictionary e as alusões numa biblioteca de livros de referência. Esse tipo de conhecimento tornará mais difícil para você compreender porque, quando você o escutar, você será perturbado por uma multidão de irrelevantes restos de conhecimento. Você não ouvirá o sentido, que é o som.

Todas as artes são empestadas por charlatães buscando dinheiro, ou fama, ou apenas uma desculpa para o ócio. Quanto menos o público entenda a arte, mais facilmente os charlatães florescerão. Desde que a leitura de poesia tornou-se popular, eles encontraram um novo campo, e não é fácil para o leigo distinguir entre a fraude e o poeta. Mas é um pouco menos difícil quando a poesia é lida em voz alta. Efeitos logo aborrecem. Trabalho batido logo soa superficial e frágil.

Havia saltimbancos no famoso encontro no Albert Hall, assim como um poeta ou dois, mas os piores, mas insidiosos charlatães ganham posições e bolsas de estudo nas universidades, escrevem para semanários ou trabalham para a BBC ou o Conselho Britânico ou algum outro asilo para bajuladores ociosos. No século dezoito foi a Igreja. Se esses homens tivessem de ler em voz alta em público, seus versos vazios, sem ressonância, logo o trairiam.

Basil Bunting: Arts Diary, *Northern Arts (April/Summer 1966)*.

※ ※ ※

UMA NOTA SOBRE "BRIGGFLATTS" (1989)

"Briggflatts" é um poema: não precisa explicação. O som das palavras faladas alto é em si mesmo o significado, assim como o som das notas tocadas nos instrumentos adequados é o significado de qualquer peça de música.

Lugares-comuns provêm a estrutura do poema: primavera, verão, outono, inverno do ano e da vida do homem, interrompida no meio e equilibrada em torno da viagem de Alexandre aos limites do mundo e sua futilidade, e selada e assinada no fim por uma confissão da nossa ignorância. Amor e traição são aventuras da primavera, a sabedoria dos mais velhos e a distância da morte, quase nada mais do que uma lápide. No verão não há descanso para a ambição e a luxúria da experiência, nunca final. Fracassam aqueles que tentam forçar seus destinos, como Eric; mas aqueles que estão convictos em se submeter, como a minha versão de Pasiphaé, poderão fazer algo de novo nascer, ainda que seja somente um monstro.

O que Alexandre aprende quando abriu seu caminho através do mundo degradado é que o homem é desprezivelmente nada e ainda assim pode viver contente na humildade. O outono é para a reflexão, para colocar a horrível elegia de Aneurino contra a lenda de Cuthbert que viu Deus em todas as coisas, para amar sem expectativa, perambular sem albergue, persistir sem esperança. A velhice pode ver afinal o encanto das coisas desdenhado ou desprezado, congelado, as larvas dançantes, cães pastores, e particularmente as estrelas que fazem do tempo um paradoxo e uma piada até que possamos abandonar nosso próprio tempo, muito embora o desperdicemos. E ainda não sabemos onde estamos e por quê.

Tudo conversa de velhas senhoras, sabedoria doméstica. Nenhum poema é profundo.

O nome 'Briggflatts', o de um vilarejo remoto e de uma casa de reuniões Quaker, deveria advertir as pessoas a não buscar filosofia. Infelizmente, os *Quatro quartetos* de T.S. Eliot também são intitulados a partir de pequenos lugares escondidos, e expõem a Cristandade mística que os teólogos do século XIX fermentaram de uma mistura finalmente extraída, eu creio, de Plotino. Nenhum esquema de coisas poderia sair de mim.

Yeats também professava Plotino, embora seu espírito pareça mais próximo do de Jâmblico. Pound pegou seus deuses de Ovídio, primos próximos aos deuses de *O ramo dourado*, nunca verdadeiramente pagão mas decorado como um enfeite neoplatônico. Tanto Pound quanto Yeats gostavam da melancólica noção de uma história que se repete, não como os budistas a veem, não como Toynbee, mas o mais cru Spengler, e isso também é parte do panorama neoplatônico. Pound tinha sentido demais para ser consistente. Um tipo de pragmatismo frequentemente escondido sob as vestes de seu próprio Confúcio particular o representa melhor. Ele não era avesso à razão, muito mais um moralista do que um metafísico;

no entanto, o esquema d'*Os cantos* repousa no modo de Spengler, e até, mas não conscientemente, no modo de Hegel.

Hierarquia e ordem, as virtudes da quase-religião neoplatônica, eram virtudes primordiais também para Yeats, Pound e Eliot. Elas não são virtudes para mim, apenas expedientes que inflamam de modo quase tão vil quanto os crimes que tentam coibir. Entre os filósofos tenho mais simpatia por Lucrécio e seus mestres, contentes em explicar o mundo um átomo a cada vez; com Spinoza que viu todas as coisas como Deus, embora não com sua vontade de demostrar logicamente; e com David Hume, que duvidava. Os homens com quem eu aprendi poesia não os valorizavam muito. Talvez por isso demorei tanto para fazer um poema que reflete, fragmentariamente, toda a minha mente.

Chame de Deus, chame de universo tudo o que sabemos disso, ampliado bem além dos nossos telescópios ou mesmo inferências, detalhado mais minuciosamente do que nossos físicos podem tatear, é menos do que a histologia de uma única célula em relação ao corpo de um homem, ou à sua conduta. Os incidentes do dia escondem nossa ignorância de nós; embora saibamos disso, sob nossa rotina. Em silêncio, tendo varrido poeira e lixo das nossas mentes, podemos detectar o pulso do sangue de Deus em nossas veias, mais persuasivo do que as palavras, mais demonstrativo do que um diagrama. Isso é o que uma reunião Quaker tenta ser, e eis porque meu poema é chamado "Briggflatts".

Deixe os incidentes e imagens cuidarem de si mesmos.

Essa nota foi escrita à máquina, com algumas correções à mão. É o único documento escrito pelo poeta sobre o longo poema. Encontra-se no Basil Bunting Poetry Archive da biblioteca da Universidade de Durham.

TRÊS OUTROS COMENTÁRIOS

EU NUNCA DISSE QUE A POESIA CONSISTE *APENAS* DE SOM. Eu disse repetidamente que a coisa *essencial* é o som. Sem o som, não há poesia. Mas tenho dito isso e esclarecido que o som é essencial, a coisa principal, você pode adicionar todos os demais elementos, se quiser. Você pode, se assim gostar, ter um sistema de sentidos, sub-sentidos, e assim por diante, tão elaborado quanto Dante tinha na *Divina commedia*

> *Eric Mottram, 'Conversas com Basil Bunting por ocasião do seu 75º aniversário', transmitido em parte pela BBC Radio 3, em 7 de março de 1975.*

Eu acredito que a coisa fundamental em poesia é o som, assim que, qualquer que seja o sentido, qualquer que possa ser sua intenção última nessa direção, se você não tiver conseguido o som certo, não é um poema. E se você tiver conseguido, ele será comunicado, mesmo para pessoas que não o entendem. Eu acho que geralmente funciona bem quando eu leio "Briggflatts" sem explicação. A maioria dos que o escutam, gostam e ficam comovidos. Eles certamente não o entendem de um modo em que possam voltar e escrever um resumo do poema.

Jonathan Williams e Tom Mayer, 'Uma Conversa com Basil Bunting', St. Andrews Presbyterian College, USA. Ambas as entrevistas apareceram em Poetry information, 19 (Autumn 1978).

Esses versos foram escritos aqui e ali agora e então ao longo de quarenta anos e quatro continentes. Recolhidos juntos eles fazem um livro.

Se alguma vez aprendi o truque, foi na maioria de poetas há muito mortos cujos nomes são óbvios: Wordsworth e Dante, Horácio, Wyat e Malherbe, Manucheri e Firdosi, Villon, Whitman, Edmund Spenser; mas dois homens vivos também me ensinaram muito: Ezra Pound e em seu mais severo, mais pedregoso modo, Louis Zukofsky. Não seria apropriado reunir meus poemas sem mencioná-los.

Com ardis aprendidos de outros e um ouvido aberto para analogias melódicas eu arrumei palavras como um músico aviva sua partitura, não para serem lidas em silêncio, mas para traçar no ar um padrão de som que pode às vezes, eu espero, ser prazeroso.

Basil Bunting, Prefácio aos Collected poems (1968).

BASIL BUNTING FALA SOBRE "BRIGGFLATTS"

A entrevista a seguir foi publicada na revista Agenda *(vol. 16, nº. 1, primavera de 1978). Havia sido publicada, numa forma ligeiramente modificada, na revista* Writing *(nº 6, de 18-25 de novembro de 1970, suplemento do jornal canadense* Georgia Straight*).*

QUATRO DE NOVEMBRO, 1970. UM APARTAMENTO MOBILIADO NO limite de Kitsilano, Vancouver. Prédio em forma de toca de coelho, com móveis de supermercado. Basil Bunting, Peter Quartermain, Warren Tallman. Uma caixa de cervejas. Gravador defeituoso. Conversação e reminiscência: infância, anedotas (Elsa Lanchester; Ford Madox Ford, a animosidade doentia de Hemingway em relação a Ford; Robert McAlmon). Vida na prisão na Primeira Guerra Mundial. Estruturas musicais em Pound e Whitman. Eliot. Pound e Yeats. Zukofsky. Pérsia, Itália e o norte da Inglaterra – lar. Leitura na infância de Whitman. Pacifismo e Quakers. Música. Barcos. E a conversa se volta para o vilarejo de Briggflatts, onde Basil, criança, passava suas férias. Para o poema.

WT.: Bem,... Basil, uma coisa que você foi... que você comentou um par de dias atrás que me interessou é o modo como de fato você escreveu "Briggflatts", porque isso me fez recordar Williams como Doutor

PQ.: o datilógrafo levantando-se da sua mesa!

WT.: escrevendo em blocos de prescrição e entre consultas médicas.

BB.: Isso está apenas preenchendo o contorno... "Briggflatts" apareceu primeiro como um belo diagrama. Eu ainda posso desenhar o diagrama para vocês.

WT.: Você... Quer dizer que o desenhou antes de escrevê-lo?

PQ.: Pegue esta folha de papel, Basil; desenhe o diagrama...

WT.: Aqui tem um lápis.

BB.: Certo... vai ser útil para vocês.

PQ.: Vamos lá.

BB.: Oh, um lápis, sim. (*breve pausa*). Aqui está. (*longa pausa, desenhando*). Pronto, este é o diagrama.

WT.: Vamos ver. O que é isso? Isso é "Briggflatts"?

PQ.: E esses são o quê? Movimentos musicais?

BB.: A noção do

WT.: Uma cadeia montanhosa na Suíça!

diagrama é essa, aproximadamente. Cadeia de montanhas na Suíça, sim. Você tem um poema. Tem cinco partes porque precisa ser um número ímpar. Pois a parte central precisa ser o ápice, aqui. Mas o que é novo, a única coisa nova que eu sabia, ao fazê-lo, foi que em vez de ter um clímax nas outras partes há dois. Nas duas primeiras o primeiro clímax é menor e o outro surge imediatamente quando você não está esperando. Então há isso

Basil Bunting

para aqueles dois. Nos outros o primeiro clímax é o maior e vai diminuindo...

PQ.: Então há uma modulação decrescente.

BB.: ... e assim por diante. Se você não adiciona a Coda que veio mais ou menos acidentalmente, você tem o diagrama de todo o poema.

WT.: Mas isso surgiu para você

BB.:   E a parte central do poema como eu sabia desde o início era o encontro de Alexandre com o Anjo no topo da montanha. Você conhece a lenda de Alexandre, não? Bem, a versão persa foi uma das primeiras, e *Shahnameh* de Firdosi. Alexandre perambula por terras e mais terras onde acontecem as coisas mais horríveis, e finalmente chega às montanhas de Gog e Magog no fim do mundo. E suas tropas se recusam a segui-lo, mas sozinho ele sobe ao topo da montanha, e lá ele vê o Anjo sentado exatamente como no meu poema, com a corneta pronta nos lábios para assoprar, e olhando ansiosamente para o leste à espera do sinal, para assoprar a corneta e colocar um fim ao mundo. E isso é claro resolve o problema de Alexandre *para* ele: ele desce a montanha, aparece e leva todo mundo em paz para casa na Macedônia. O... Isso ficou na minha cabeça como... como o momento central do poema, desde o começo. Então eu escrevi abaixo sentenças latinas. Eu não me lembro de todas as sentenças que escrevi... Deixe-me ver (*pausa*). Eis aí (*escrevendo*).

nox est una perpetua dormienda

Aah... Droga, eu não consigo lembrar as sentenças. Seja como for aqui está uma delas, mostra a vocês o tipo de coisa que tinha em mente. Mas havia uma para cada um dos cinco movimentos, e isso era tudo. Eu não tinha ideia do que seria o poema, exceto que os movimentos teriam essa forma, que os movimentos teriam alguma... relação com a sentença abaixo.

WT.: Bem, foi... apenas um único verso sugeriu essa forma para você, ou a forma precedeu o poema inteiramente, muito antes de que você começasse a compor um verso do poema?

BB.: Antes havia um verso escrito ou imaginado.

WT.: Essa forma

BB.:   sim

WT.:   essa forma existia.

BB.: E o primeiro verso que escrevi foi o último verso do poema, à parte a Coda.

WT.: Você escreveu o fim primeiro.

BB.: Sim.

PQ.: Então o touro veio muito mais tarde?

BB.: O touro veio comparativamente tarde.

PQ.: Bem... quando você começou, ou digamos nessa etapa, esta folha de papel, este contorno, era...você sabia que isso era "Briggflatts", que esse era o título, que o vilarejo era o

BB.:   Não, não até haver reunido as coisas para a primeira parte, que são é claro recordações da minha infância em Briggflatts, e...

PQ.: Bem, mas você entende quando eu... uma das coisas que eu acho

BB.: o touro estava na minha cabeça havia tempo, mas ele não havia se firmado como se tivesse alguma coisa a ver com o poema até bem mais tarde no processo.

WT.: Bem... ele... Esse touro em particular vem da sua infância então, ele...

BB.: Não. O touro eu reparei um dia numa fazenda perto de Throckley onde estava vivendo no momento; e, sabe, me impressionou que ninguém houvesse reparado que o touro tem uma voz de *tenor*. Você escuta o touro mugindo, e depois aquele e depois o outro. Mas de fato ele muge como o mais melodioso tenor, uma bela voz de tenor. Na primavera, o touro de fato, se ele está entre vacas, dança, nas pontas dos seus cascos, parte porque seu negócio é se mostrar, mostrar que ele as está protegendo, percebe? Ele não está realmente fazendo nada, mas ele vê alguém andando perto da cerca e ele começa logo a dançar, apenas para demonstrar às vacas que criatura indispensável ele é. É maravilhoso, e isso mostra tanta, tão forte semelhança com o comportamento dos homens jovens em geral e... de todas as criaturas enfim. Isso veio... estava lá nos meus cadernos, mas nada tinha ver com "Briggflatts" até uma etapa mais tarde de construção do poema, quando eu realmente comecei a escrever as coisas.

PQ.: Quando eu li "Briggflatts" pela primeira vez eu vi também que o touro era

> Um pedreiro bate seu malho
> justo ao piar da calandra,

BB/PQ.: sim

PQ.: e eu pensei, já que eu não conhecia coisa alguma aliás da sua circunstância, que o pedreiro fosse de fato seu pai – ou seja que se o touro é o jovem homem pavoneando, o que eu percebi é que a geração adulta, ou a geração mais velha, é o pedreiro, e eu senti que havia algo de fato pessoal nessa reminiscência a ver com pedreiros.

 BB.: Bem, havia, em certo sentido. O pai *dela* era o pedreiro.

 PQ.: Oh sim, claro. A conexão óbvia, eu não fiz. Sim. Estupidez.

 BB.: Foi assim que eu cheguei a fazer o trabalho do pedreiro, percebe? Eu esfreguei lápides e foi assim que agora eu sei o que se sente quando se esfrega uma lápide. E como os seus dedos doem nesse trabalho danado... Eu tenho o cuidado de não escrever nada que eu não conheça extremamente bem. E isso é algo que é diferente eu penso de um monte de poetas que escrevem. Se eu escrevo sobre o que se sente esfregando uma lápide, é porque eu realmente esfreguei uma lápide. De qualquer maneira, eu sempre fiz algo bastante próximo ao que, ou vi algo bastante próximo ao que eu falo... Se eu escrevo tecnicalidades náuticas, são as de um cara que navegou à beça, e conhece as cordoalhas de um barco... Mesmo se eu escrever sobre bordéis em Bagdá, são bordéis em que eu estive...

 WT.: E eles estão em Bagdá!

 BB.: Sim. Mas veja aqui o verso de Catulo, *nox est perpetua una dormienda*. Esse verso é muito mais complexo do que qualquer um dos tradutores entendeu. O valor completo de *una* nunca foi dado... *Nox est perpetua*: existe uma noite perpétua. *Una dormienda* não significa *uma* noite, significa uma noite que é *toda uma*, que nunca varia. Esse é o ponto importante no verso de Catulo, percebe? E isso faz você pensar, e isso faz você continuar, e, e as coisas vêm à sua mente. Foi daí, eu imagino – embora não esteja seguro agora, o tempo passou – eu imagino que seja provavelmente desse verso que toda a sequência de pensamento teve início, que trouxeram de volta as várias coisas que viraram assunto no poema. Mas o poema inicia meramente como uma forma; o assunto vem depois...

PQ.: Isso de fato é muito importante

BB.: sim,

PQ.: porque eu estava olhando essa pauta das sonatas de Scarlatti e estava lembrando que esse verso ocorre na sonata repetida (*PQ está errado. "Briggflatts" é lido para/com a música de Scarlatti; a "sonata repetida" Longhi 33, si menor fugato, ocorre primeiramente no final da seção 4 e é repetida depois da Coda. O verso a que PQ se refere é o último da seção 5).*

BB.: A outra coisa é que a sonata em *si menor fugato* de Scarlatti está na minha mente ao mesmo tempo em que o diagrama.

PQ.: OK. Então a música vem primeiro com o diagrama.

BB.: *(canta parte da sonata)* e assim por diante. Está aí todo o tempo. Desde o início.

WT.: Mas, agora, parte do que eu não entendo ainda. Se isso fosse uma... se essa partitura, em vez de ser o que é, fosse uma trilha sonora, e se ela fosse substituída, anunciaria um tema que então aparecesse... no qual você... pudesse ver todo o poema?

BB.: Não, não. Isso é... Isso é uma representação dos clímaces. Isso é

WT.: Eles vão para cima e para cima e para baixo e para baixo?

BB.: É um mero gráfico dos clímaces. A estrutura musical deve ser de tal modo que os clímaces aconteçam ali e ali e ali mas não é um gráfico da estrutura musical ou alguma coisa assim.

WT.: Esclareça isso para mim, pois ainda não entendo. Você diz que não é um gráfico da estrutura de tons; é um gráfico do quê, então?

BB.: É um gráfico dos clímaces

PQ.:   a estrutura emocional?

BB.: A estrutura emocional se você quiser, sim.

WT.: E então, assim, *esse* é o meio do poema? *Esse* é o começo, *esse* é o meio, e *esse* é o fim?

BB.: A coisa óbvia é dizer que a segunda parte é aqui, a segunda parte sobe lentamente até um clímax muito bonito com o assassinato de Eric Bloodaxe, e todo mundo naturalmente pensa: isso é o que – nós agora sabemos – isso é o fim de tudo. Mas então continua a subir até um clímax ainda mais alto que tem de desvanecer quase imediatamente em seguida. E a mesma coisa com os outros, embora não seja tão óbvio nos outros.

WT.: E então *isso* se transformou numa descendente.

BB.: Sim, uma descendente nos outros.

PQ.: Embora à medida que o poema evolui

BB.:   é claro que não segue exatamente o diagrama. Fica perto disso mas não o segue exatamente.

WT.: Mas como você cria em sua mente antes que tenha escrito o poema?

BB.: Como para a Coda, você jamais acreditará nisso, mas é a verdade. Eu tinha escrito três-quartos de "Briggflatts", estava ocupado de fato com a última parte, quando tive de mudar os papéis na minha mesa para atender às malditas autoridades do imposto de renda, e atrás de uma conta velha eu achei um pouco do que tinha escrito há muito tempo e tinha esquecido quando o escrevi, e eu precisava cortar três ou quatro versos, e com esses três ou quatro versos eu tinha a Coda, e foi obviamente uma parte de "Briggflatts".

WT.: E isso ocorreu a você como por mágica!

BB.: Exatamente, sim, numa conta velha.

WT.: Então o cobrador de impostos teve a sua participação no poema!

PQ.: Mas esse tipo de mágica de que você está falando, sem levantar, digamos, coisas ocultas... bem, uma coisa, que eu percebo muito claramente em "Briggflatts" além das coisas de que estamos falando é que em algum lugar ao longo do caminho ao escrevê-lo eu suponho que muito claramente o poema começou a tomar uma estrutura cronológica também.

BB.: Muito bem. Esse era o plano. Quer dizer, quando eu o faço, eu então olho para ele e digo obviamente o que qualquer poeta pensando sobre a forma diria (*escrevendo*): Primavera Verão Outono Inverno. Aqui está –

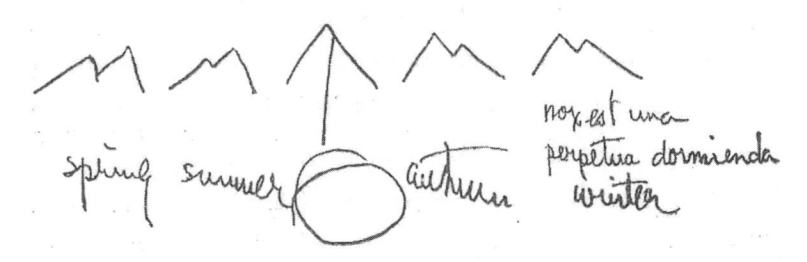

[desenho manuscrito de montanhas com as inscrições: spring, summer, autumn, nox est una perpetua dormienda, winter]

a do meio está fora; é diferente. A do meio é um pesadelo ou um sonho ou seja lá o que você imaginar. Mas uma vez que você tiver chegado a isso, é claro, a estrutura cronológica é óbvia.

PQ.: Sim. Exceto que a estrutura cronológica agora, de fato, envolve um movimento espacial. Ou seja, a primavera está em "Briggflatts", o verão está

BB.: A primavera está em torno a "Briggflatts", o verão está em todo lugar – Londres, o Ártico, o Mediterrâneo. O outono é quase todo nos Dales, e a última parte é quase toda na costa de Northumberland.

PQ.: O que é voltar para a sua própria primavera.

BB.: Sim.

WT.: Mas quando você o compõe, você pode, você compõe algum lugar que você quer? sobre isso...

BB.: Oh sim poderia, sim, sim.

WT.: Não. Mas à medida que você o *compôs*: você escreveu daqui até aqui? ou você escreveu aqui, aqui, aqui e aqui?

BB.: Bem... Eu direi que até aqui eu tinha minhas sentenças latinas, eu esqueci quais eram, à exceção de uma, e eu tinhas as minhas estações, e eu tinha um ou dois itens que poderiam ser distribuídos simetricamente; que diabos eram eles, eu agora esqueço. De todo modo, me surpreende que o tal do touro que tinha estado no meu caderno por um bom tempo fosse obviamente a primavera, então eu comecei com ele e então escrevi.

E em seguida eu escrevi diretamente o poema. Eu tinha várias notas, tais como o último verso e assim por diante, para vários lugares, não tantos assim, mas suficientes para prever, portanto eu era capaz de antecipar nas partes iniciais as coisas que só iam aparecer, de maneira plena, nas partes finais. Mas no conjunto o assunto veio... simplesmente como veio quando eu sentei para escrever a coisa, começando a partir do touro.

PQ.: OK. Sabendo disso, eu tenho uma percepção muito forte de que existe um bocado do touro na seção central do Alexandre. OK? Se essa é uma... resposta... legítima ou o que seja, ou não.

BB.: Bem... você pode tomar vários tipos de caminhos à medida que interpretar a coisa. Existem milhões de caminhos.

PQ.: Não, eu não estava falando de interpretar inteiramente; o que eu queria dizer foi... existia algo a mais, que é isso, que temos aqui quatro seções que podemos chamar de primavera verão outono inverno ou M M M M ou seja lá o que quisermos. E ainda... mas não importa o que falemos sobre o vilarejo Briggflatts, nós falamos sobre quatro casas,

BB.: Sim, isso é mesmo verdade.

PQ.: isso quer dizer que o próprio vilarejo, isso quer dizer que eu posso vê-lo de algum modo em pé no meio do vilarejo olhando em volta as casas.

BB.: Uh huh. Não. Eu não tinha pensado nisso. Eu não creio que isso realmente tenha algo a ver.

PQ.: Mas... Eu não creio que isso seja algo interpretativo, percebe? É uma coisa perpétua, que me faz ficar curioso. Você sabe como, digamos, obviamente o que está acontecendo é que você está percebendo estruturas aqui, certo?

BB.: Sim.

PQ.: E... de certa maneira o próprio Briggflatts – é no vilarejo que estou pensando – oferece uma forma para essas percepções tomarem. Isso obviamente pode não ser verdade, assim como não é o que aconteceu!

BB.: Não, não. Eu não acho. A... Existem simetrias – combinando uma com a outra aqui e ali. Eles não são seguidos afetadamente em todos os detalhes e assim por diante, mas elas estão lá. Há o contraste entre Bloodaxe aqui e Saint Cuthbert aqui, o extremo oposto de cada um nas coisas. Há o – oh... o que devo dizer – eu não sei... *(pausa).* Há um jeito no qual essas duas partes estão conectadas para o qual eu não posso dar um nome, que muito de perto se assemelha ao jeito que esses dois são. E, que inferno, eu não sei. Você está perguntando por coisas que estão muito para baixo, escondidas no subconsciente, para serem trazidas sem falsificar de um certo modo.

WT.: Sinto que Peter em parte está... interessado no que eu imaginaria são coisas interpretativas, embora essa não seja, eu sei que não seria a sua palavra para isso. Eu estou interessado em coisas composicionais, ou seja, como esse poema começa a ocorrer para você, será... é a escrita como... como Baudelaire fez essa afirmação de que ele agonizaria por meses e meses e então subitamente tudo começaria a funcionar, se moveria para o seu lugar, qualquer que fosse, mas eu sinto que não é isso.

BB.: Esse não é mesmo o caminho, não. Uma vez que eu tinha a coisa clara em minha mente como um diagrama, eu simplesmente me pus a trabalhar e escrevi, escrevendo quando podia, três versos no trem indo do trabalho para casa. Nas manhãs de sábado quando não há muito o que fazer, porque não há bolsa de valores na manhã de sábado, eu conseguiria talvez dez ou quinze linhas escritas – e sempre cortando e gastando o tempo e reescrevendo e assim por diante.

Um caderninho, dois caderninhos, completamente cheios dos dois lados de cada folha, com os cortes e assim vai. E eu calculo aproximadamente vinte mil palavras, vinte mil versos quero dizer, para chegar aos meus setecentos.

WT.: Mas... como... Sempre tive a impressão...Tenho a impressão de que quando Wordsworth escreveu "Tintern Abbey", ele sentiu toda sua vida transbordando nele

BB.: Sim, "Tintern Abbey" é um tremendo poema. "Tintern Abbey" não foi

WT.: e eu tenho esse sentimento, de que "Briggflatts" é um transbordamento

BB.: terminado, é claro, mas foi colocado numa folha de papel nas trinta e seis horas ou algo assim que levou para ir de Tintern Abbey de volta para casa. O acabamento do poema é claro seria um trabalho muito mais longo, mas tudo foi no geral feito de uma só vez. Não. "Briggflatts" levou um ano para ser escrito.

WT.: Deve ter havido muita urgência sobre você todo o tempo.

BB.: Claro, todo o tempo em que eu estava ocupado com os próximos dez versos eu estava cortando o último lote, e assim por diante. Cortando e alterando e decepando e mudando coisas no poema continuamente... O... Eu não sei, é um... Eu tenho uma noção mais clara de como eu escrevi isso do que como eu escrevi outras coisas, porque Tom Pickard estava olhando sobre meu ombro, por assim dizer, eu estava todo o tempo pensando em como isso poderia ter utilidade como uma lição para um um poeta muito, muito jovem apenas começando. Então eu estou consciente de coisas das quais eu não estou consciente em outros casos. Eu não me incomodo com elas...

PQ.: Mas e sobre, para nos afastarmos de "Briggflatts", um poema como "The Spoils" ["As Ruínas"], que em muitos aspectos é um tipo muito similar de poema?

BB.: É uma outra tentativa sobre uma sonata, sim. E "The Spoils" tem também simetrias, mas estão arruinadas, são "As Ruínas". Veja você, foi planejado como um poema em quatro partes; agora aparece como três partes. Quando meu rascunho estava pronto, eu o mandei para Louis Zukofsky, e ele me escreveu de volta, e ele estava obviamente muito perturbado com as duas últimas partes que lhe pareciam um pouco finas. Bem, eu olhei para elas e ele estava certo, e a única solução que me ocorreu foi cortar as duas partes e combiná-las numa só. O que é claro estraga a simetria e assim por diante. Zukofsky ficou bem angustiado com isso, ele não teve qualquer intenção! Mas esse *foi* o resultado, e consequentemente "The Spoils" é um poema assimétrico. Eu não digo que é um *mau* poema, ele é assimétrico; não é, não ganhou a simetria que deveria ter e foi planejado ter.

WT.: Você diz musicalmente assimétrico, Basil?

BB.: Sim.

WT.: A analogia musical está sempre aí para você.

BB.: Sim.

CRONOLOGIA DE BASIL BUNTING

1900 – Nasce em primeiro de março em Scotswood-on-Tyne, na região de Northumberland, norte da Inglaterra. O pai do poeta era médico com excelente reputação, tendo recebido medalha de ouro na Universidade de Edimburgo com uma tese sobre glândulas linfáticas. Foi pioneiro da então nova ciência da radiologia.

1912-1918 – Estuda em duas escolas Quaker: Ackworth School (1912-1916) e Leighton Park (1916-1918), em Berkshire. Torna-se membro da Sociedade Fabiana.

1915 – Apaixona-se por Peggy Greenbank, filha de um pedreiro. Ela será o principal motivo para o poeta escrever, cinquenta anos depois, o longo poema "Briggflatts".

1918 – Quase ao final da I Guerra Mundial, se opõe, por princípios morais e religiosos, a combater o inimigo – e é preso como objetor de consciência. Fica encarcerado em Newcastle Guardroom e, em Londres, em Wormwood Scrubs. Sente-se isolado socialmente e sofre maus tratos na prisão.

1919 – É liberado de Winchester Prison, onde experimentou trabalho forçado. Fez greve de fome em protesto contra a duração da sua sentença. Ezra Pound, n'*Os cantos*, relembra o episódio em que o poeta era provocado a comer frangos, deixados na cela pelos carcereiros.

1920 – Matricula-se na London School of Economics (LSE). O poeta é atraído pelas interpretações sociais que têm como fundamento o movimento fabiano.

1921 – Solicita licença da LSE para "viajar à Rússia e estudar as condições comunistas ali". Viaja pela Escandinávia e tenta, sem êxito, entrar na União Soviética.

1922 – Torna-se secretário do parlamentar britânico Harry Barnes, da coalização liberal. Com seu conhecimento de economia, o poeta colaborou em alguns projetos sobre impostos e moradia. Conhece Helen Rowe, com quem manteria um relacionamento conturbado por pelo menos cinco anos.

1923 – Em abril, abandona a LSE sem se graduar. Numa carta em que explica os motivos pelos quais desiste do diploma, encontram-se: "interfere na minha busca pela literatura" e "transforma muitos homens inteligente em bobocas, e eu não desejo destino semelhante para mim." Viaja a Paris, onde trabalha como operário de estradas; modelo para artistas plásticos; garçom. Conhece Ford Madox Ford e se torna seu assistente na *Transatlantic review*. Encontra-se pela primeira vez com Ezra Pound. Conhece os surrealistas e Ernest Hemingway. Numa visita à Inglaterra, decide deixar o trabalho de assistente de Ford.

1924 – Em janeiro, viaja para Rapallo, na Itália, visita Ezra Pound e fixa residência nas imediações. Sua primeira resenha na *Transatlantic review* trata do livro *The rover*, de Joseph Conrad.

1925 – Retorna à Inglaterra. Seu pai falece em fevereiro. Torna-se correspondente da *Revista di Roma*, que jamais pagou pela colaboração. Começa sua correspondência com Ezra Pound.

1926 – Primeiro encontro com T.S. Eliot, que teria passado todo o tempo insistindo que o poeta lesse Dante, "quando eu já o tinha lido e sabia uma boa parte do Inferno de cor." A amizade com o poeta de *The waste land* (1925) nunca seria satisfatória. Escreve o longo poema "Villon", em parte com reflexões sobre o seu período na cadeia.

1927 – Em outubro, torna-se crítico musical da revista *The outlook*. Muitos dos poemas que escreveu até esse período foram rasgados pelo poeta, que não os considerava prontos ou bem-sucedidos. Começa a traduzir poemas, sob influência de Ezra Pound. O primeiro poema traduzido foi "Querida dos Deuses e dos Homens", uma invocação a Vênus por Lucrécio.

1928 – A revista *The outlook* deixa de ser editada. Vive por dois anos com subsídios de Margaret de Silver, viúva milionária de um ativista político norte-americano. Deixa Londres e vai viver num chalé rural nas colinas de Simonsides, em Northumberlad.

1929 – Viaja para a Alemanha e retorna a Rapallo. Encontra-se várias vezes com W.B. Yeats. Em Veneza, conhece Marian Gray Culver, uma americana, com quem se casa em 9 de julho do ano seguinte, em Riverhead, Long Island.

1930 – Publica em março os poemas de *Redimiculum matellarum* (que significa, em latim, "colar de penicos"), editado em Milão. No livro, pode-se ler a seguinte advertência: "Este volume tem direitos autorais protegidos em todos os países civilizados, mas não (ainda) nos Estados Unidos." Uma única resenha é publicada, a do poeta Louis Zukofsky, que a essa altura já é um dos seus melhores amigos e com quem se identifica também na importância dada à musicalidade dos versos. Em junho, reencontra sua esposa em Nova Iorque. Seu círculo de amigos inclui, além de Zukofsky, o crítico francês René Taupin, William Carlos Williams, o artista americano Adolf Dehn, o músico húngaro Tibor Serly. Tem dificuldades para conseguir emprego. Inicia o aprendizado do idioma persa e, logo, a sua admiração pelo poeta Firdosi. Em dezembro, começa a discutir uma edição inglesa da revista *Poetry*, de Chicago.

1931 – No início do ano, deixa Nova Iorque e se estabelece na Villa Castruccio, em Rapallo, acompanhado de sua mãe. Em 31 de novembro, nasce sua filha Bourtai, nome inspirado numa das noivas de Gengis Khan.

1932 – Em fevereiro, publica-se a edição inglesa de *Poetry*, Chicago. Inclui-se nela a *Antologia objetivista*, de Louis Zukofsky.

1933 – Em agosto, acompanha Zukofsky de Gênova para Rapallo. Em setembro, parte para as Ilhas Canárias, Tenerife, por pressões financeiras. Em outubro, poemas seus são incluídos na *Active anthology* de Ezra Pound.

1934 – Em fevereiro, nasce Roudaba, sua segunda filha, em Santa Cruz, Tenerife. Faz amizade com o artista plástico Karl Drerup e sua esposa, Gertrude.

1935 – Faz nova viagem ao sul de Portugal, às custas de Margaret de Silver. De volta a Tenerife, prepara um manuscrito de pouco mais de 100 páginas intitulado *Caveat emptor*, que inclui poemas e traduções. Passará cerca de dois anos buscando editor para o livro, sem sucesso. Só conseguirá publicar seus poemas em livro dali a quinze anos.

1936 – Em julho, eclode a Guerra Civil. Retorna à Inglaterra. Em outubro, escreve uma resenha bastante hostil ao livro *The earnest atheist*, de Malcom Muggeridge. A partir de então, considera (no que é acompanhado por alguns escritores) que o meio literário britânico buscará isolá-lo ou evitá-lo. Em dezembro, Marian Gray se separa do poeta e volta aos Estados Unidos: viaja grávida do filho Rustam (que nasceria em 15 de maio do ano seguinte) e também leva as suas duas filhas.

1937 – Compra o barco *The thistle*, em Essex, e passa o inverno na costa de South Devon. Na primavera, Drerup visita Bunting e sua mãe em Londres. Matricula-se na Nellist Nautical Academy, em Newcastle.

1938 – Como capitão da escuna de um milionário, visita o Canadá e os Estados Unidos. Em junho, visita Zukofsky, Williams, o poeta e romancista experimental Kenneth Patchen, Taupin, Drerup e faz contato com o poeta Charles Reznikoff, criador do termo objetivismo. Declara-se pronto para combater o fascismo.

1939 – Retorna à Inglaterra. Em dezembro, dá aulas para a Associação Educacional de Trabalhadores (WEA). Alista-se na Força Aérea Real (RAF).

1940 – Em Hull, trabalha com balões meteorológicos durante a guerra.

1941 – Em dezembro, apresenta-se como voluntário para serviço no Irã.

1942 – Em outubro, vai para o Irã como intérprete de um esquadrão da RAF.

1943 – Em março, é transferido para o Comando do Oriente Médio no Cairo.

1944 – Realiza longa viaja para Teerã através do deserto.

1945 – É nomeado Líder de Esquadra e Vice-Cônsul em Isfahan. O poeta nunca escondeu adorar o Irã, "um dos mais civilizados países no mundo". Tornou-se uma das principais referências para uma nova geração de diplomatas interessados na região, ensinando-os desde a teologia Shia até a história detalhada das concessões de petróleo.

1946 – É nomeado Chefe de Inteligência Política na Embaixada britânica em Teerã.

1947 – Passa um breve período em Throckley, no Reino Unido, antes de voltar ao Irã. Está completamente invisível para os meios literários do seu país. Continua a traduzir poemas do persa.

1948 – Conhece Sima Alladadian, curdo-armênia, com quem se casa em dezembro. Em carta a amigos, antecipa problemas com o Governo britânico, não apenas por haver casado com uma estrangeira, mas porque Sima é menor de idade.

1949 – Em janeiro, passa férias em Londres. Deixa o Foreign Office e, em seguida, torna-se correspondente oficial do jornal *The times* em Teerã. É contatado pelo editor americano Dallam Flynn para uma coletânea de poemas.

1950 – Publica *Poems 1950*. O livro recebe boas resenhas de Hugh Kenner e de Louis Dudek, mas o poeta permanece, ainda assim, mal conhecido nos meios literários. Em fevereiro, nasce Sima-Maria, sua primeira filha com a nova mulher. Em abril, o trabalho para *The times* chega ao fim: sente-se traído por Hugh Astor, jornalista e filho do proprietário do jornal. No poema "Briggflatts", Basil Bunting fará alusão pejorativa a ele (seção IV). Retorna para a Inglaterra e vai morar novamente em Throckley. Em julho, encontra-se com o poeta Peter Russell, editor da revista *Nine*, e a musicista Olga Rudge, companheira de Ezra Pound. Em novembro, janta com T.S. Eliot. Viaja para

Lucca, na Toscana, como correspondente do grupo Westminster Press.

1951 – Em maio, T.S. Eliot rejeita os poemas de Basil Bunting para publicação ("muito poundianos"). Ambos os poetas fazem campanha para a libertação de Ezra Pound. Retorna para Throckley em junho. Em outubro, volta a ser correspondente de *The times* para o Irã.

1952 – Em abril, é expulso do Irã por Mossadegh. Viaja para a Inglaterra de carro. Em junho, já está de novo em Throckley. Publica "The Spoils" ["As Ruínas"] na revista *Poetry*, em novembro. Reflexo de suas experiências com a Segunda Guerra Mundial, é um dos seus poemas mais difíceis, no qual condensa fatos e faz alusões à teologia oriental. Enfrenta novos obstáculos para encontrar emprego. Em outubro, toma conhecimento de que seu filho Rustam, do casamento com Marian Gray, havia falecido nos Estados Unidos em decorrência de um ataque de pólio. Ele nunca encontrou o filho. Em dezembro, nasce Thomas Faramaz Bunting, seu segundo filho com Sima-Maria. Em cartas para alguns amigos, em especial para Margaret de Silver, informa que sua situação econômica é desesperadora.

1953 – Consegue emprego de meio expediente no *Manchester guardian* como revisor.

1954 – Em julho, torna-se subeditor do *Newcastle evening chronicle*. "O emprego me traz pouco dinheiro, mas, pelo menos, mantém as crianças alimentadas", escreve ele em uma carta.

1956 – Uma tia idosa do poeta falece e deixa "alguns milhares de pounds" para ele, o que permite mudar de casa e enviar Sima-Maria e seus dois filhos para um longo período de férias no Irã. Em alguns anos, porém, o dinheiro também termina – mesmo porque Basil Bunting jamais conseguirá emprego que permita sustentar sua família.

1962 – Morre Margaret de Silver, que fora constante patrocinadora do poeta, ajudando-o financeiramente por um longo período.

1963 – Em carta para um amigo que pensava em publicar uma seleção dos seus poemas, Basil Bunting escreve: "Pensei que você faria melhor em publicar Zukofsky, que ainda é um poeta, do que tentar reviver um homem extinto como eu."

1964 – No verão, o jovem poeta Tom Pickard telefona para Basil Bunting e solicita um encontro "com o maior poeta vivo do Reino Unido". Esse encontro afinal terá muitos desdobramentos e estimulará o poeta a escrever novamente, depois de um longo período de inatividade literária.

1965 – Começa a escrever "Briggflatts". "The Spoils" é publicado por The Morden Tower Book Room. "First Book of Odes" é publicado pela Fulcrum Press, assim como "Loquitur". Termina de escrever "Briggflatts" e o apresenta pela primeira vez na Morden Tower, local que ficou famoso pelas leituras de poemas de escritores locais e internacionais. Passados cinquenta anos do grande encontro amoroso, faz contato com Peggy Greenbank, agora casada e mãe de três filhos, e dá início a uma longa correspondência. Há incômodo e constrangimento para ambos – e, afinal, a relação se esvai no período de dez anos.

1966 – "Briggflatts" é editado pela Fulcrum Press em fevereiro. O poema havia aparecido na edição de janeiro da revista *Poetry*. Em agosto, o poeta deixa o emprego no *Newcastle evening chronicle*. No outono, é publicado número especial da revista *Agenda*, no qual são publicados dois poemas novos, "Birthday

Greetings" e "All You Spanish Ladies". Em outubro, torna-se professor visitante na Universidade da Califórnia. Ganha bolsa do Arts Council.

1967 – Em fevereiro, o poeta lê "Briggflatts" num programa da BBC, com introdução do crítico Kenneth Cox. Em março, faz leituras dos seus poemas no Guggenheim Museum, apresentado por Robert Creeley. Cyril Connolly escreve elogiosa resenha sobre "Briggflatts" em *The Sunday times* (27 de maio), o que provavelmente contribuiu para dar maior fama ao poema e aumentar as vendas das suas novas edições. Opera os olhos na Califórnia.

1968 – Ganha o prêmio Northern Arts em poesia nas Universidades de Durham e Newcastle. Lança *Collected poems*. É publicado *Descant on Rawthey´s madrigal*, livro que reúne conversas com Jonathan Williams, com importantes informações sobre o poeta e sua obra. Basil Bunting lê trechos de "Briggflatts" no Canal 2 da BBC e é entrevistado por Richard Hoggart.

1969 – Em fevereiro, participa do Festival de Poesia do Albert Hall. Faz leituras na Morden Tower, no Harrogates Arts Festival e na Universidade de Liverpool.

1970 – O Canal 2 da BBC celebra os 70 anos do poeta. Participa de atividades e leituras na Universidade de British Columbia, acompanhadas de seis sonatas de Scarlatti.

1971 – Na primavera, se apresenta na Universidade de Binghampton. Em maio, vai à State University, em Nova Iorque. Recebe o título de Doutor em Literatura pela Universidade de Newcastle. Em junho, lê poemas na Morden Tower na companhia de Allen Ginsberg. Em julho, faz leituras de poemas seus no Queen Elizabeth Hall, em Londres, no III Festival Internacional de Poesia. Em outubro, volta à Universidade de

British Columbia para novas aulas e palestras. Edita e escreve o prefácio dos *Selected poems of Ford Madox Ford*.

1972 – É eleito Presidente da Poetry Society. É publicada *Version of Horace*. Faz leituras de "Chomei at Toyama" e "Briggflatts" na Universidade de Victoria, Canadá. Morre Ezra Pound. Basil Bunting é convidado a participar de diversas homenagens ao poeta de *Os cantos*.

1973 – Faz a conferência "Yeats Recollected" na Sociedade Yeats em Sligo, Irlanda. Publica-se o *Oxford book of twentieth century verse*, editado por Philip Larkin, com três poemas de Basil Bunting, incluindo-se o longo "Chomei at Toyama".

1974 – É eleito Presidente da Northern Arts. Em outubro, faz conferência sobre a poesia moderna britânica na Politécnica de Londres. Organiza sete aulas sobre poesia na Universidade de Newcastle.

1975 – Várias homenagens ao poeta por ocasião do seu 75º aniversário, entre as quais a organização de um livro de homenagens com cerca de 90 contribuições que ganhará o título de *Madeira & toasts for Basil Bunting 75th birthday*, a ser finalmente lançado em 1977.

1976 – Edita os *Selected poems of Joseph Skipsey*. Em abril, parte em viagem para os Estados Unidos, quando se apresenta em Harvard; Maine University; Yale; YWHA Poetry Center, em Nova Iorque; Davidson; St Andrews; Buffalo; Wisconsin; e no San Francisco Museum of Art.

1977 – Renuncia à presidência da Northern Arts – e, no seu discurso de despedida, reclama da falta de incentivo a artistas promissores, devida a "erros e passos falsos que foram cometidos principalmente em Londres."

1978 – É editado número especial da revista *Agenda* dedicado a Basil Bunting, na qual o poeta trata longamente, em entrevista, sobre o poema "Briggflatts". Faz leituras sobre Wordsworth na Roundhouse, em Londres. Em março, novas edição dos *Collected poems* (Oxford University Press). Visita a Northern Arts Gallery, em Newcastle. No outono, sai um número especial da revista *Poetry information* dedicado ao poeta.

1980 – Número especial de *Paideuma* em homenagem aos 80 anos do poeta. A revista publica texto de Tom Pickard, que rememora o encontro com o poeta no início dos anos 60 – decisivo para que Basil Bunting escrevesse "Briggflatts" e voltasse a atrair atenção para a sua obra.

1981 – Carroll F. Terrell publica *Basil Bunting – Man and Poet*, volume que traz importantes colaborações de críticos como Hugh Kenner, Peter Quartermain, Cid Corman, Anthony Suter e Victoria Forde, entre outros.

1985 – Basil Bunting falece em 17 de abril. Suas cinzas foram espalhadas numa área de Brigflatts onde se encontra uma lápide com seu nome. Nos jardins da Universidade de Durham há também um memorial que cita versos de "Briggflatts": *Words! / Pens are too light. / Take a chisel to write*. A revista australiana *Scripsi* dedica diversos textos e poemas ao poeta.

1989 – O crítico britânico Donald Davie publica *Under Briggflatts – A History of Poetry in Great Britain 1960-1988*, no qual, de modo inequivocamente polêmico, defende a centralidade dos poemas de Basil Bunting na literatura britânica. Davie defende uma poesia intrusiva e aberta à dimensão contingente.

1991 – *Uncollected poems* é editado por Richard Caddel. Victoria Forde publica *The poetry of Basil Bunting*, importante estudo sobre a vida e a obra do poeta.

1994 – *The complete poems* é editado por Richard Caddel pela Oxford University Press.

1999 – Peter Makin edita *Basil Bunting on poetry*.

2000 – *Complete poems* é editado por Richard Caddel pela Bloodaxe.

2009 – A editora Bloodaxe publica *Briggflatts* com um CD um DVD.

2012 – Don Sharf edita *Bunting's Persia*, compilação das traduções feitas por Basil Bunting de poetas persas.

2013 – Richard Burton publica a sua biografia de Basil Bunting, *A strong song tows us*.

BIBLIOGRAFIA

BORNSTEIN, George (ed.). *Ezra Pound among the poets.* (Chicago: The University of Chicago Press, 1985).

BUNTING, Basil. *Briggflatts.* (Newcastle: Bloodaxe, 2009).

_____. *Briggflatts y otros poemas.* Selección, traducción y prólogo de Aurelio Major. (Barcelona, Lumen, 2004).

_____. *Complete poems.* (Oxford: Oxford University Press, 1994). Ed. Richard Caddel.

_____. *Poèmes.* Présentation et traduction de Jacques Darras. (Amiens: Trois Cailloux, 1986).

BURTON, Richard. *A strong song tows us* – The Life of Basil Bunting, (Oxford: Infinite Ideas, 2013).

COOKSON, William (ed.). *Agenda* – Essays on Bunting's Poetry, vol. 4, n. 5 & 6, (London: Poets' and Printers' Press, Autumn 1966).

_____. *Agenda* – Basil Bunting Special Issue, vol. 16, n. 1 (London: Poets' and Painters' Press, Spring 1978).

CRAVEN, Peter. e HEYWARD, Michael (ed.). *Scripsi*, vol. 3, n. 2 & 3 (Melbourne: University of Melbourne, August 1985).

DAVIE, Donald. *Under Briggflatts* – A History of Poetry in Great Britain 1960-1988. (Chicago: The University of Chicago Press, 1989).

DIETZ, Bernd. "El Alardeo del Toro: La Poesia de Basil Bunting", in *Revista de filología de la Universidad de La Laguna*, n. 3 (Tenerife: Universidade de La Laguna, 1984), p. 129-146.

FORDE, Victoria. *The poetry of Basil Bunting*. (Newcastle: Bloodaxe, 1991).

GRAVES, Sara R. "A Poetics of Dwelling in Basil Bunting's *Briggflatts*", in *Cercles*, n. 12 (Rouen: Université de Rouen, 2005), p. 64-78.

GUNN, Thom. *Shelf life* – Essays, Memoirs and na Interview. (Michigan: The University of Michigan Press, 1993).

HODGKISS, Peter. *Poetry information* – Basil Bunting Special Issue, n. 19. London, Autumn 1978.

KENNER, Hugh. *A sinking island.* – The Modern English Writers. (New York: Alfred A. Knopf, 1988).

KENNER, Hugh. e HESSE, Eva (ed.). *Paideuma* – The 80th Birth Year of Basil Bunting, vol. 9, nº 1 (Maine: University of Maine, Spring 1980).

MAKIN, Peter (ed.). *Basil Bunting on poetry* (Maryland: The Johns Hopkins University Press, 1999).

NIVEN, Alex. "The Road to Briggflatts", in *New left review*, nº 89, September/October 2014, p. 149-159.

SHARE, Don (ed.). *Bunting's Persia* – Translations by Basil Bunting (Chicago: Flood Editions, 2012).

SUTER, Anthony. "Time and the Literary Past in the Poetry of Basil Bunting", in *Contemporary literature*, vol. 12, nº 4 (Wisconsin: The University of Wisconsin Press, Autumn 1971), p. 510-526

TERRELL, Carrol F. (ed.) *Basil Bunting* – Man and Poet. (Maine: University of Maine, 1981).

WILLIAMS, Jonathan (ed.). *Madeira & toasts for Basil Bunting's 75th birthday.* (North Carolina: The Jargon Society, 1977).

Este livro foi impresso na Edigráfica.
Rua Nova Jerusalém, 345 Bonsucesso, Rio de Janeiro, RJ.